金陵全書

丁編·文獻類

出三藏記集（一）

（南朝梁）僧祐撰

南京出版傳媒集團
南京出版社

圖書在版編目（CIP）數據

出三藏記集 / (南朝梁) 僧祐撰. -- 南京 : 南京出版社，2021.4

（金陵全書）

ISBN 978-7-5533-3190-4

Ⅰ. ①出… Ⅱ. ①僧… Ⅲ. ①佛經 – 圖書目録 Ⅳ. ①Z88：B94

中國版本圖書館CIP數據核字（2021）第029208號

書　　名　【金陵全書】（丁編・文獻類）

　　　　　出三藏記集

作　　者　（南朝梁）僧祐

出版發行　南京出版傳媒集團

　　　　　南 京 出 版 社

社址：南京市太平門街53號　郵編：210016

網址：http://www.njcbs.cn　電子信箱：njcbs1988@163.com

聯系電話：025-83283893、83283864（營銷）　025-83112257（編務）

出 版 人　項曉寧

出 品 人　盧海鳴

責任編輯　嚴行健　余世瑶

裝幀設計　楊曉崗

責任印製　楊福彬

製　　版　南京新華豐製版有限公司

印　　刷　南京凱德印刷有限公司

開　　本　889毫米 × 1194毫米　1/16

印　　張　56.25

版　　次　2021年4月第1版

印　　次　2021年4月第1次印刷

書　　號　ISBN　978-7-5533-3190-4

定　　價　1600.00元（全二册）

南京出版社

圖書專營店

總序

南京，古稱金陵，中國著名的四大古都之一，是國務院首批公佈的國家歷史文化名城。

南京有着六十萬年的人類活動史，近二千五百年的建城史，約四百五十年的建都史，享有『六朝古都』『十朝都會』的美譽。南京歷史的興衰起伏在某種程度上可以説是中國歷史的一個縮影。在中華民族光輝燦爛的歷史長河中，古聖先賢在南京創造了舉世矚目、富有特色的六朝文化、南唐文化、明文化和民國文化，爲中華民族文化的傳承和發展做出了不朽貢獻。然而，由於時代的遞遷、戰爭的破壞以及自然的損毀等原因，歷史上南京的輝煌成就以物質文化形態留存下來的相對較少，見諸文獻典籍的則相對較多。南京文獻内涵廣博，卷帙浩繁，版本複雜。截至一九四九年中華人民共和國成立，南京文獻留存下來的有近萬種，在全國歷史文化名城中名列前茅。以六朝《世説新語》《文心雕龍》《昭明文選》，唐朝《建康實録》，宋朝《景定建康志》《六朝事迹編類》，元朝《至正金陵新志》，明朝《洪武京城圖志》《金陵古今圖考》《客座贅語》，清朝《康熙江寧府志》《白下瑣言》，民國《首都計劃》《首都志》《金陵古蹟圖考》等爲代表的南京地方文獻，不僅是南京文化的集中體現，也是中華民族優秀傳統文化的重要組成部分。這些南京文獻，積澱貯存了歷代南京人民的經驗和智慧，翔實地反映了南京地區的社會變遷，是研究南京乃至全國政治、經濟、軍事、文化、外交和民風民俗的重要資料。

歷史上的南京文化輝煌燦爛，各類圖書典籍琳琅滿目。迄今爲止，南京文獻曾經有過三次不同程度的整理。

第一次是距今六百多年前的明朝永樂年間，明朝中央政府在南京組織整理出版了《永樂大典》。《永樂大典》正文二萬二千八百七十七卷，凡例和目録六十卷，分裝成一萬一千零九十五册，總字數約三億七千萬字。書中保存了中國上自先秦、下迄明初的各種典籍資料達七八千種，是中國古代最大的類書。

第二次是民國年間，南京通志館編印了一套《南京文獻》。《南京文獻》每月一期，從一九四七年元月至一九四九年二月共刊行了二十六期，收入南京地方文獻六十七種，包括元明清到民國各個時期的著作，其中收録的部分民國文獻今天已經成爲絶版。

第三次是二〇〇六年以來，南京出版社選取部分南京珍貴文獻，整理出版了一套《南京稀見文獻叢刊》點校本，到二〇二〇年，已經出版了六十九册一百零五種，時代上起六朝，下迄民國，在學術普及方面做出了一定的貢獻。

中華人民共和國成立以來，尤其是改革開放以來，南京的政治、經濟、文化建設飛速發展，但南京文獻的全面系統整理出版工作一直没有得到應有的重視，這與南京這座國家歷史文化名城的地位頗不相稱。據調查，目前有關南京的各類文獻主要保存在南京圖書館、南京市檔案館，以及全國各地的高等院校、科研院所、圖書館、檔案館、博物館，少數流散於民間和國外。一方面，廣大讀者要查閲這些收藏在全國各地的南京文獻殊爲不便；另一方面，許多珍貴的南京文獻隨着歲月的流逝而瀕臨損毁和失傳。南京文獻的存史、資治、教化、育人功能没有得到應有的發揮。

盛世修史（志）。在中華民族和平崛起和大力弘揚民族傳統文化、全力發展民族文化事業的大背景下，在建設『文化南京』的發展思路下，中共南京市委、南京市人民政府於二〇〇九年十二月做出决定，將南京有史以來的地方文獻進行全面系統的匯集、整理和影印出版，輯爲《金陵全書》（以下簡稱《全書》），以更好地搶救和保護鄉邦文獻，傳承民族文化，推動學術研究，促進南京文化建設；同時，也更爲有効地增加南京文獻存世途徑，提昇南京文獻地位，凸顯南京文獻價值。

爲編纂出能够代表當代最高學術水平和科技成就，又經得起時間檢驗的《全書》，我們將編纂工作分成三個階段進行。第一個階段爲調研階段，主要對南京現存文獻的種類、數量、保存現狀以及收藏地點等進行深入細緻的調研，召集專家學者多次進行學術論證和可操作性論證，撰寫出可行性調查報告，爲科學決策提供依據，此項工作主要由中共南京市委宣傳部和南京出版社組織完成。第二個階段爲啓動階段，以二〇〇九年十二月二十四日召開的『《金陵全書》編纂啓動工作會』爲標志，市委主要領導親自到會動員講話，市委宣傳部對《全書》的編纂出版工作作了明確部署。在廣泛徵求專家學者意見的基礎上，確定了《全書》的總體框架設計，確定了將《全書》列爲市委宣傳部每年要實施的重大文化工程，確定了主要參編責任單位和責任人，並分解了任務。第三個階段爲編纂出版階段，主要在全國範圍内進行資料的徵集、遴選和圖書的版式設計、複製、排版及印製工作。

爲了確保《全書》編纂出版工作的順利進行，中共南京市委、南京市人民政府成立了專門的編纂出版組織機構。其中編輯工作領導小組，由中共南京市委、市政府領導以及相關成員單位主要負責人組成；《全書》的編纂出版工作由市委宣傳部總牽頭；學術指導委員會，由蔣贊初、茅家琦、梁白泉等一批全國著名的專家學者組成，負責《全書》的學術審核和把關。

《全書》分爲方志、史料、檔案和文獻四大類。自二〇一〇年起，計劃每年出版四十册左右。鑒於《全書》的整理出版工作難度較大，周期較長，在具體操作中，我們採取了分工協作的方式。市委宣傳部和南京出版社負責《全書》的總體策劃，其中方志部分，主要由南京市地方志編纂委員會辦公室和南京出版傳媒集團·南京出版社共同承擔；史料和文獻部分，主要由南京圖書館承擔；檔案部分，主要由南京市檔案局（館）承擔。《全書》的編輯出版，得到了江蘇省文化廳、江蘇省新聞出版局、江蘇省檔案局（館）、南京大學、南京圖書館、南京市文廣新局、南京市社科聯（社科院）、南京市文聯、金陵圖書館以及各區委宣傳部和地方志辦公室等單位及社會各界的熱情鼓勵和大力支持，尤其是得到了中國國家圖書館和全國各地（包括港臺地區）高等院校、科研院所、圖書館、檔案館、博物館等藏書單位的鼎力相助，在此表示深深的謝意！

我們相信，在中共南京市委、南京市人民政府的長期不懈支持下，在各部門、各單位的積極配合和衆多專家學者的共同努力下，這項功在當代、利在千秋的傳世工程一定能够圓滿完成。

《金陵全書》編輯出版委員會

凡例

一、《金陵全書》（以下簡稱《全書》）收録的南京文獻，分爲方志、史料、檔案和文獻四大類。

二、《全書》按上述四大類分爲甲、乙、丙、丁四編，以不同的封面顔色加以區分；每編酌分細類，原則上以成書時代爲序分爲若幹册，依次編列序號。

三、《全書》收録南京文獻的地域範圍，包括了清代江寧府所轄上元、江寧、句容、溧水、高淳、江浦、六合。

四、《全書》收録的南京文獻，其成書年代的下限爲一九四九年。

五、《全書》收録方志、史料和文獻，盡量選用善本爲底本。《全書》收録的檔案以學術價值和實用價值較高爲原則，一般選用延續時間較長、相對比較完整的檔案全宗。

六、《全書》收録的南京文獻底本如有殘缺、漫漶不清等情況，必要時予以配補、抽換或修描，以保證全書完整清晰；稿本、鈔本、批校本的修改、批注文字等均保留原貌。

七、《全書》收録的南京文獻，每種均撰寫提要，置於該文獻前，以便讀者了解其作者生平、主要内容、學術文化價值、編纂過程、版本源流、底本採用等情况。

八、《全書》所收文獻篇幅較大時，分爲序號相連的若幹册；篇幅較小的文獻，則將數種合編爲一册。

九、《全書》統一版式設計，大部分文獻原大影印；對於少數原版面過大或過小的文獻，適當進行縮小或放大處理，並加以説明。

十、《全書》各册除保留文獻原有頁碼外，均新編頁碼，每册頁碼自爲起訖。

提要

《出三藏記集》十五卷，南朝梁僧祐撰。

僧祐（四四五—五一八），南朝齊、梁間律學大師、著名佛教文史學家。據慧皎《高僧傳》卷十一記載，僧祐俗姓俞，原籍彭城下邳（今江蘇邳縣）。其父始遷居建鄴（今江蘇南京）。僧祐慧根早顯，幼年往建初寺禮拜，即踴躍樂道，不肯還家。因父母憐愛，允其皈依佛門，師事僧範道人。年十四，爲避婚約，轉至定林寺投法達法師門下。法達戒德精嚴，爲法門梁棟，僧祐師奉竭誠，學習經律。年滿二十，受具足戒，執操堅明。又曾受業法穎、法獻，學習經律，此二人皆精研戒律，爲律學所宗。祐乃竭思鑽求，無懈昏曉，遂精通律部，成爲律學宗派之一代傳人。律學而外，僧祐亦博覽大小乘典籍，尤留心載録佛教傳播之歷史情實，自東漢以迄齊梁，凡釋迦的教化事迹、高僧的景行妙語、佛典的翻譯傳播、佛教的制度淵源，以及佛教在中土的發展、論争等，他都引具佛經，旁采傳記，分析義例，撰成專著。所著有《釋迦譜》十卷、《薩婆多師資傳》五卷、

《集諸僧名行記》三十九卷、《弘明集》十四卷、《法苑集》十卷、《世界記》五卷、《十誦義記》十卷、《衆僧行儀》三十卷、《集諸寺碑文》四十六卷、《出三藏記集》十五卷、《諸法集雜記傳銘》七卷。上述諸書多已散佚，目前僅存《釋迦譜》《弘明集》《出三藏記集》三部，影響極爲深遠。

佛教自兩漢間傳入中土，經歷魏晋，譯人繼出，譯籍日富，佛典之搜藏與目録之製作遂應運而生。齊、梁間，僧祐於定林寺搜校卷軸、造立經藏，門生劉勰爲之『區别部類，録而序之』（《梁書》卷十五）。《出三藏記集》應該就是以定林寺的藏經和劉勰編撰的目録爲基礎而成書的。

僧祐《出三藏記集》，史稱『祐《録》』。該書初本爲十卷，當成書於齊代。入梁以後，續有增補，其卷次、體例亦有所變更，逐次擴展爲十五卷。全書包括四個部分，依次爲『撰緣記』『銓名録』『總經序』『述列傳』。據通行本所見，卷一『撰緣記』介紹釋迦去世後，佛教典籍的集結和分類、梵漢文字的差异等問題，可視爲全書的導言。卷二至卷五爲『銓名録』，詳細載録佛教東傳以來迄於齊梁時期迻譯的佛經目録，是全書的核心。前此，東晋孝武帝寧康二年（三七四），道安法師撰《綜理衆經目録》，『銓品譯才，標列歲月』，據時代之先後，載録譯人譯經、各地失譯經、疑經和注經，爲佛教典籍迻譯目録的編纂奠定了基礎。僧祐在繼承道安《綜録》體例的基礎上，又增加了同一佛經不同譯本的异譯經、多卷本單卷本失譯經、抄經、僞經等目録，并分别注明其存佚情况，使該目録更趨完備。僧祐不僅在道安《綜録》的基礎上加以擴大和補充，還對道安録的有關記載進行了質疑和辨證。身爲律學大師，僧祐於律部亦格外重視，卷二中有『新集表序四部律録』，可惜早已亡佚，内容無從知曉。卷三又有『新集律分爲五部記録』『新集律分爲十八部記録』『新集律來漢地四部序録』，這些律的東傳，在道安之後，道安《綜録》自然無從載録，僧祐則用了較大的篇幅進行載録，填補了這一方面的空白。卷六至卷十一爲『總經序』，載録大小乘經律論之序言、題記及後記等，共計一百一十篇，這些内容與佛經翻譯之歷史關繫極爲密切，乃佛經翻譯史上最寶貴的原始記録。卷十二爲『雜録』，載有陸澄《法論目録》、齊竟陵王蕭子良《法集目録》以及僧祐自己所撰各書之目録。此一卷體制與前六卷『總經序』全爲序言、題記不同，雖有序，而以目録爲主，其載録之書目亦非譯經，而爲著述議論，其中又以僧祐之著作爲多。雖其中著述大多亡佚，但當時佛教論著盛行之情况，亦由此可見其大概。卷十三至卷十五爲『述列傳』，爲東來譯經、弘法和西行求法的高僧大德傳記，共記高僧四十九人，是最早的高僧傳記。

統而觀之，該書以譯經爲中心，融佛典目録、經卷序跋、譯人傳記於一爐，成爲一部綜合而完整的佛教文獻著作，在中國佛教史、文化史上有着極高的價值。就佛學領域而言，《出三藏記集》是漢文佛典現存之最古經録，而且是當時『囊括一切經録而集其大成』（姚名達《中國目録學史》）的佛教目録學著作。進而言之，該書之主要成就，不僅在於『銓名録』，更在此之外的『撰緣記』『總經序』『述列傳』以及各類經録之前的小序，這些内容在佛教文獻資料之收集整理上貢獻至巨，沾溉無窮，湯用彤《魏晋南北朝佛教史》論之詳矣。其『述列傳』部分，開我國高僧傳之先河。此後，其弟子寶唱撰《名僧録》，梁慧皎之《高僧傳》，皆對之多有吸收和借鑒。在中國古代目録學史上，該書也有着崇高的地位。梁啓超《佛家經録在中國目録學之位置》揭橥於前，姚名達《中國目録學史》暢述於後，此後之研究者更踵事增華，此亦無須贅述者。

《出三藏記集》傳播廣泛，除有單行本外，又被收録於各大藏經之中，各朝各代皆有刊本，朝鮮、日本亦有刊行，版刻衆多。惟該書通行本作十五卷，而徑山藏本卷目作十七卷，牌記又仍稱『記十五卷』。之所以有『十七卷』者，其一，該本無『卷六』之目，即由卷七上接卷五，卷七即通行本之卷六，以後類推。何以不設『卷六』之目，不知其故。其二，該本卷十三、十四，即通行本之卷十二，當因卷帙繁重一分爲二，其卷十三目録下有『三、四同卷』雙行小字夾注。合而計之，則仍爲十五卷，與通行本無異。

《金陵全書》收録的《出三藏記集》以南京圖書館藏崇禎癸未（一六四三）常熟虞山華嚴閣刊本（徑山藏本）爲底本影印出版。本書原版框尺寸横長十五點八厘米，縱高二十三點二厘米，現調整爲横長十三點九厘米，縱高二十點四厘米。

盧翠琬

出三藏記集卷第一

梁　釋　僧　祐　撰

出三藏記集序

夫眞諦玄疑法性虛寂而開物導俗非言莫津是以不二默訓會於義空之門一音震辯應乎群有之境自我師能仁之出世也鹿苑唱其初言金河究其後說契經以誘小學方典以勸大心妙輪區別十二惟部法聚總要八萬其門至善逝晦跡而應眞結藏始則四含集經中則五部分戒大寶斯在含識資焉然道由人弘法待緣顯有道無人雖文存而莫悟有法

無緣雖並世而弗聞聞法資乎時來悟道藉於機至
機至然後理感時來然後化通矣昔周代覺興而靈
津致隔漢世像教而妙典方流法待緣顯信有徵矣
至漢末安高宣譯轉明魏初康會注述漸暢道由人
弘於兹驗矣自晉氏中興三藏彌廣外域勝賓稠疊
以總至中原慧士暐曄而秀生提什舉其宏綱安遠
震其奥領渭濵務逍遥之集廬岳結般若之臺像法
得人於斯爲盛原夫經出西域運流東方提挈萬里
翻轉梵漢國音各殊故文有同異前後重來故題有
新舊而後之學者鮮克研覈遂乃書寫繼踵而不知

 二 北戸

經出之歲誦説比肩而莫測傳法之人授之受道亦已闕矣夫一時聖集猶五事證經況千載交譯寧可昧其人世哉昔安法師以鴻才淵鑒爰撰經錄訂正聞見炳然區分自兹已來妙典間出皆是大乘寶海時競講習而年代人名莫有銓貫歲月逾邁本源將没後生疑惑奚所取明祐以庸淺豫憑法門翹仰玄風誓弘大化每至昏曉諷持秋夏講説未嘗不心馳菴園影躍靈鷲於是牽課羸恙沿波討源綴其所聞名曰出三藏記集一撰緣記二銓名錄三總經序四述列傳緣記撰則原始之本克昭名錄銓則年代之

目不墜經序總則勝集之時足徵列傳述則伊人之風可見竝鑽枏內經研鏡外籍參以前識驗以舊聞若入代有據則表爲司南聲傳未詳則文歸蓋闕秉牘凝翰志存信史三復九思事取實錄有證者旣標則無源者自顯庶行潦無雜於醇乳燕石不亂於荆玉但井識管窺多慚博練如有未備請寄明哲

集三藏緣記第一

十誦律五百羅漢出三藏記第二

菩薩處胎經出八藏記第三

梵漢譯經文字音義同異記第四

前後出經異記第五

集三藏緣記第一

出大智論

佛於俱夷那竭國薩羅雙樹間般涅槃臥床北首天地震動師子等百獸悉大哮吼諸天人號咷山林樹木皆悉摧裂天女人女無量百千噢咿交涕不能自勝諸三學人僉然不樂諸無學人但念諸法一切無常唯阿難親愛未除未離欲故心没憂海不能自出爾時阿泥盧豆語阿難汝守佛法藏不應如凡人自没憂海一切有爲是無常相又佛委付汝法汝今愁

悶失所受事汝當問佛佛涅槃後我曹云何行道誰當作師惡口車匿云何共住佛經初首作何等語如是種種未來之事汝當應問阿難聞是事悶心小醒得念道力於佛卧床邊以此事問佛佛告阿難若我現在若我滅後自依止法不餘依止云何比丘自依止法不餘依止內觀身常念一心智慧現在勤修精進除世間貪憂外身內身亦如是觀觀內受心法念處亦復如是是名自依止法不依止餘從今解脫戒經即是大師如戒經所說身業口業應如是行車匿比丘如梵法治若心軟伏者應教那陀迦旃延經即

可得道我三阿僧祇劫所集法寶藏是初應作是說如是我聞一時佛在某方某國土某處樹林何以故過去未來諸佛經初亦稱是語現在諸佛臨涅槃時亦教稱如是語我今涅槃後經初亦稱如是我聞之語佛旣滅度諸大羅漢各各隨意於諸山林流泉谿谷處處捨身而般涅槃或有飛騰虛空鴈行而去現種種神變令衆人得信心淸淨而般涅槃爾時六欲諸天乃至遍淨色界諸天見是事已各心念言佛日旣没禪定解脫弟子光明亦復滅度是諸衆生種種煩惱婬怒癡病是法藥師今疾滅度誰當治者無量

智慧大海之中所生弟子諸妙蓮華今復乾枯法樹摧折法雲散滅大智象王既已逝矣象子亦隨去商人已去從誰求法寶各共集會來詣大迦葉作禮已說偈讚歎嘆已白言大德仁者知不法船欲破法城欲頽法海欲竭法幢欲倒法燈欲滅行道漸少惡力轉盛當以大慈建立佛法

爾時迦葉心大如海澄靜不動良久而答汝等所說實如所言世間不久無智盲冥於是大迦葉黙然受請諸天禮已忽然不現各自還去

爾時迦葉思惟云何使是三阿僧祇劫難得佛法久

住於世思惟已我知是法可得久住於世應當集修
姤路阿毗曇毗尼作三法藏如是佛法可得久住未
來世人可得受行所以者何佛世世勤苦慈愍衆生
學得是法爲人演說我曹亦應承用佛教宣揚開化
迦葉作是語已住須彌山頂撾銅犍搥說此偈言
諸佛弟子　若念於佛　當報佛恩
莫入涅槃
是犍搥音傳大迦葉教遍至三千大千世界皆悉聞
知諸有弟子得神力者皆來集會大迦葉所
爾時迦葉告諸會者佛法欲滅佛從三阿僧祇劫種

種苦行慈愍衆生學道得法佛涅槃已諸弟子中知法持法者及誦法者皆亦隨般涅槃法今欲滅未來衆生甚可憐愍失智慧眼愚癡盲冥佛大慈悲愍傷衆生我曹應當承順佛教須智給集三藏竟已隨意滅度諸來衆會皆受教住時大迦葉選取千人除去阿難皆阿羅漢得六神通具三明智諸禪三昧自在出入逆順超越誦讀三藏知內外經書諸外道家十八種大經亦善讀知皆能論義降伏異學昔頻浮娑羅王得道八萬四千官屬亦各得道是時王教勅宮中常飯食供養千人阿闍世王不斷是法時大迦葉

思惟言若我等常乞食者當有外道強來難問廢闕法事今王舍城常設飯食供養千人是中可住結集法藏以是故選取千人不得多取是時大迦葉與千人俱到王舍城耆闍崛山中告阿闍世王給我等食日日送來今我結集法藏不得他行是中夏安居初十五日說戒時大迦葉即入禪定以天眼觀視今是衆中誰有煩惱應逐出者唯有阿難一人不盡大迦葉從定起已即於衆中手牽阿難出言今清淨衆結集法藏汝結未盡不得住此時阿難慚耻悲泣而自念言我二十五年隨侍世尊供給左右初未曾得如

來苦惱佛實大德慈悲含忍念已白言我能有力久
可得道但諸佛法阿羅漢者不得供給左右使令以
是義故留殘結不盡斷耳又言汝更有罪佛意不欲
聽女人出家汝慇懃勸請佛聽爲道以是故佛之正
法五百歲而衰微是汝之罪阿難言我憐愍瞿曇彌
又三世諸佛法皆有四衆我世尊云何獨無又言佛
欲涅槃近俱夷城佛時脊痛四疊漚多羅僧敷臥語
汝言我須水不供給是汝之罪阿難言是時五百乘
車截流而度令水渾濁是故不取又言正使水濁佛
有大神力能令大海濁水淸淨汝何以不與又言佛

問汝若有人四神足好修可住世一劫若減一劫佛四神足好修第一欲住世一劫若減一劫汝默然不答如是至三汝亦默然汝若答佛神足好修應住世一劫若減一劫正由汝故令世尊早入涅槃是汝之罪阿難言魔蔽我心是故無言非我惡心而不答佛迦葉又言汝與佛疊僧伽梨以足蹈上是汝之罪阿難言爾時大風卒起無人助我風吹來墮我脚下非不恭敬故蹈佛衣又言佛陰藏相涅槃後以示女人是何可耻是汝之罪阿難言我爾時思若諸女人見佛陰藏相者便自羞耻女人之形願求男子之身修

行佛相種福德業故我示之不爲無耻故破戒也大迦葉言汝有六罪應僧中悔過阿難言諾謹隨大迦葉及僧教是時阿難長跪合掌偏袒右肩卽脫革屣六罪懺懺竟大迦葉復於僧中手牽阿難出語阿難言斷汝漏盡然後來入殘結未盡汝勿來也如是語竟便自開門爾時諸阿羅漢議言誰能結集法藏者阿泥盧豆言舍利弗是爲第二佛有好弟子名憍梵波提柔軟和雅常處閑居善知法藏今在天上尸利沙樹園中可遣使請來大迦葉語下座汝次應僧使到天上尸利沙樹園中憍梵波提住處到已語憍梵

波提大迦葉諸漏盡阿羅漢皆會閻浮提僧有大法事汝可速來是比丘歡喜敬諾受僧勑命頭面禮僧右遶三帀如金翅鳥騰空而往到已禮足言大迦葉有語今僧有大法事可疾速來觀衆寶聚是時憍梵波提心疑語是比丘言僧將無鬪諍事喚我耶無有破僧者不佛日不滅度耶是比丘言實如所言大師世尊已滅度憍梵波提言佛滅度太疾世間眼滅隨佛轉法輪大將我和尚舍利弗今在何所答曰先入涅槃憍梵波提言大師法將各自別離當可奈何摩訶目揵連今在何所答言亦已滅度憍梵波提言佛

法欲散大人過去衆生可愍長老阿難今何所作答
曰阿難比丘憂愁啼哭不能自勝憍梵波提言阿難
懊惱由有愛結別離生苦羅睺羅復云何答言得阿
羅漢故無憂無愁但念諸法無常之相憍梵波提言
難斷之愛已能斷故又言我失大師世尊於是中住
亦何所爲我和尚大師復已滅度我今不能下閻浮
提今即於此而般涅槃說此語已即入禪定踊在虛
空身放光明種種神變自身出火而燒於身身中出
水四道流下至大迦葉所水中有聲說此偈言

憍梵波提稽首禮　妙衆第一大德僧

聞佛滅度我隨去　如大象去象子隨
下座比丘持衣鉢還僧是時中間阿難思惟求盡殘
結其夜坐禪經行慇懃求道是阿難智多定少不卽
得道定智等者乃可速得後夜欲過疲極偃息却臥
就枕頭未至枕廓然得悟如電光出闇者見道阿難
如是入金剛定破一切諸煩惱山得三明六通具八
解脫作大力阿羅漢卽夜到僧堂門敲門而喚大迦
葉問言敲門者誰答言我是阿難又問汝何以來答
言我於今夜得盡諸漏又言不與汝開門汝從門鑰
孔來阿難言爾卽以神力從非門而入禮拜僧足懺

悔大迦葉言莫復見責大迦葉手摩其頂我故爲汝
使得道故汝無嫌恨我亦如是以汝自證譬如手畫
虛空無所染著阿羅漢心亦復如是復汝本座是時
僧中復共議言憍梵波提已取滅度更有誰能結集
法藏阿泥盧豆言是長老阿難於佛弟子常侍近佛
聞經能持佛常歎譽唯是阿難結集法藏是時大迦
葉摩阿難頭言佛囑累汝令持法藏汝應報佛恩佛
在何處最初說法佛諸大弟子能守護法藏者皆已
滅度唯汝一人在今應隨佛心憐愍衆生結集法藏
是時阿難敬禮僧已坐師子座時大迦葉說此偈言

佛聖師子王　阿難是佛子　師子座處坐
觀衆無有佛　如是大德衆　無佛失威神
如空無月時　有宿而不嚴　汝大智人說
汝佛子當演　何處佛初說　汝今當布現
是時長老阿難一心合掌向佛涅槃方作如是說
佛初說法時　爾時我不見　如是展轉聞
佛在波羅奈　佛爲五比丘　初開甘露門
說四眞諦法　苦集滅道諦　阿若憍陳如
最初得見道　八萬諸天衆　皆亦入道迹
是千阿羅漢聞是語已上昇虛空高七多羅樹皆言

無常力大如我等眼見佛說法今乃言我聞便說偈言

我見佛身相　猶如紫金山　妙相衆德滅
唯有名獨存

長老阿泥盧豆說此偈言

咄世間無常　如水月芭蕉　功德滿三界
無常風所壞

爾時大迦葉復說偈言

無常力甚大　愚智貧富貴　得道及未得
一切無能免　非巧言妙寶　非欺誑力諍

如火燒萬物　無常相法爾

大迦葉語阿難從轉法輪經至大般涅槃集作四阿含增一阿含中阿含長阿含相應阿含是名修妬路法藏諸阿羅漢更問誰能明了集毗尼藏皆言長老優波離於五百阿羅漢中持律第一我等今請即請言起就師子座問佛在何處說初毗尼結戒優波離即受僧命坐師子座如是我聞一時佛在毗舍離爾時須隣那迦蘭陀長者子初作婬欲以是因緣故結初大罪二百五十戒義作三部七法八法比丘尼毗尼增一優波離問雜部善部如是等八十部作毗尼

藏諸阿羅漢復共思惟請阿難結集阿毗曇藏即請言起就師子座佛在何處初說阿毗曇阿難受僧命說如是我聞一時佛在舍婆提城爾時佛告諸比丘諸有五怖五罪五怨不滅是因緣故此生中身心受無量苦復後世墮惡道中諸有無此五怖五罪五怨是因緣故於今生種種身心受樂後世生天上樂何等五怖應遠一者殺生二者盜三者邪婬四者妄語五者飲酒如是等名阿毗曇藏三法藏集竟諸天人鬼神諸龍王等種種供養天花天香旛蓋衣服供養法故於是說偈

憐愍世界故　集結三法藏　十力一切智
說智光明燈
略說三藏竟
十誦律五百羅漢出三藏記第二
又十誦律序云迦葉言我先從波婆城向拘尸城道
中聞佛涅槃有愚癡比丘言我今得自在所欲便作
不欲便止又有比丘非法說法法說非法以此因緣
應集法藏卽羯磨五百羅漢唯阿難在學地共住王
舍城安居先令優波離出律藏一一事竟卽問阿若
憍陳如次問長老均陀及十力迦葉等五百羅漢乃

至最下阿難言如優波離所說不皆答我亦如是聞是事是法爾時迦葉僧中唱言大德僧聽初事集竟是法是佛教無有比丘言非法非佛教僧忍默然故是事如是持乃至集律藏一切竟後方命阿難出修多羅藏及阿毘曇藏阿難方云如是我聞一時五百羅漢皆下地胡跪涕零而言我從佛所面聞見法而已言我聞迦葉語阿難從今三藏初皆稱如是我聞故復兩存

菩薩處胎經出八藏記第三

菩薩處胎經云迦葉告阿難言佛所說法一言一字

汝勿使有缺漏菩薩藏者集著一處聲聞藏者亦集著一處戒律藏者亦著一處爾時阿難最初出經胎化藏爲第一中陰藏第二摩訶衍方等藏第三戒律藏第四十住菩薩藏第五雜藏第六金剛藏第七佛藏第八是爲釋迦文佛經法具足矣

梵漢譯經音義同異記第四

夫神理無聲因言辭以寫意言辭無跡緣文字以圖音故字爲言蹄言爲理筌音義合符不可偏失是以文字應用彌綸宇宙雖跡繫翰墨而理契乎神昔造書之主凡有三人長名曰梵其書右行次曰佉樓其

書左行少者蒼頡其書下行梵及佉樓居于天竺黄史蒼頡在於中夏梵佉取法於淨天蒼頡因華於鳥跡文畫誠異傳理則同矣仰尋先覺所說有六十四書鹿輪轉眼筆制區分龍鬼八部字體殊式唯梵及佉樓爲世勝文故天竺諸國謂之天書西方寫經雖同祖梵文然三十六國往往有異譬諸中土猶篆籀之變體乎按蒼頡古文沿世代變古移爲籀籀遷至篆篆改成隸其轉易多矣至於傍生八體則有仙龍雲芝二十四書則有楷草鍼殳名實雖繁爲用蓋尠然原本定義則體備於六文適時爲敏則莫要於隸

法東西之書源亦可得而略究也至於梵音爲語單
複無恒或一字以攝衆理或數言而成一義尋大涅
槃經列字五十總釋衆義十有四音名爲字本觀其
發語裁音宛轉相資或舌根脣末以長短爲異且胡
字一音不得成語必餘言足句然後義成譯人傳意
豈不艱哉又梵書製文有半字滿字所以名半字者
義未具足故字體半偏猶漢文月字虧其傍也所以
名滿字者理既究竟故字體圓滿猶漢文日字盈其
形也故半字惡義以譬煩惱滿字善義以譬常住又
半字爲體如漢文言字滿字爲體如漢文諸字以者

配言方成諸字諸字兩合即滿之例也言字單立即半之類也半字雖單爲字根本緣有半字得成滿字譬凡夫始於無明得成常住故因字製義以譬涅槃梵文義奧皆此類也是以宣領梵文寄在明譯譯者釋也交釋兩國言謬則理乖矣自前漢之末經法始通譯音胥訛未能明練故浮屠桑門遺謬漢史音字猶然況於義乎按中夏彝典誦詩執禮師資相授猶有訛亂詩云有兔斯首斯當作鮮齊語音訛遂變詩文此桑門之例也禮記云孔子蚤作蚤當作早而字同蚤虽此古字同文即浮屠之例也中國舊經而有

斯蚕之異華戎遠譯何怪於屠桑哉若夫度字傳義則置言由筆所以新舊衆經大同小異天竺語稱維摩詰舊譯解云無垢稱關中譯云淨名淨即無垢名即是稱此言殊而義均也舊經稱衆祐新經云世尊此立義之異旨也舊經云乾沓和新經云乾闥婆此國音之不同也略舉三條餘可類推矣是以義之得失由乎譯人辭之質文繫於執筆或善梵義而不了漢旨或明漢文而不曉梵意雖有偏解終隔圓通若梵漢兩明意義四暢然後宣述經奧於是乎正前古譯人莫能曲練所以舊經文意致有阻礙豈經礙哉

譯之失耳昔安息世高聰哲不群所出衆經質文允
正安玄嚴調既亹亹以條理支越竺蘭亦彬彬而雅
暢凡斯數賢並見美前代及護公專精兼習華梵譯
文傳經不愆于舊逮乎羅什法師俊神金照秦僧融
肇慧機水鏡故能表發揮翰克明經奥大乘微言於
斯炳煥至曇讖之傳涅槃跋陀之出華嚴辭理辯暢
明踰日月觀其爲美繼軌什公矣至於雜類細經多
出四含或以漢來或自晉出譯人無名莫能詳究然
文過則傷豔質甚則患野野艷爲弊同失經體故知
明允之匠難可世遇矣祐竊尋經言異論咒術言語

文字皆是佛說然則言本是一而梵漢分音義本不二則質文殊體雖傳譯得失運通隨緣而尊經妙理湛然常照矣既仰集始緣故次述末譯始緣興於西方末譯行於東國故原始要終寓之記末爾

前後出經異記第五

舊經衆祐　　新經世尊

舊經扶薩（亦云開士）　　新經菩薩

舊經右佛（亦獨覺）　　新經辟支佛（亦緣覺）

舊經薩芸若　　新經薩婆若

舊經溝港道（亦道跡）　　新經須陀洹

舊經頻來果亦一往來　新經斯陀含

舊經不還果　新經阿那含

舊經無著果亦應眞亦應儀　新經阿羅漢亦言阿羅訶

舊經摩納　新經長者

舊經濡首　新經文殊

舊經光世音　新經觀世音

舊經須扶提　新經須菩提

舊經舍梨子亦鶖鷺子　新經舍利弗

舊經爲五衆　新經爲五陰

舊經十二處　新經十二入

舊經爲持　新經爲性
舊經背捨　新經解脱
舊經勝處　新經除入
舊經正斷　新經正勤
舊經覺意　新經菩提
舊經直行　新經正道
舊經乾沓和　新經乾闥婆
舊經除饉男除饉女　新經比丘比丘尼
舊經怛薩阿竭阿羅訶三耶三佛
新經阿耨多羅三藐三菩提

出三藏記集卷第一

出三藏記集卷第二

梁 釋 僧 祐 撰

法寶所被遠矣夫神理本寂感而後通緣應中夏始自漢代昔劉向校書已見佛經故知成帝之前法典久至矣逮孝明感夢張騫遠使西於月支寫經四十二章韜藏蘭臺帝王所印於是妙像麗於城闉金剎曜乎京洛慧教發揮震照區寓矣竊尋兩漢之季世構亂離西京蕩覆墳典皆散東都播遷載籍多亾子政所覩其文雖沒而顯宗所寫厥篇猶存東流初法於斯有徵祐檢閱三藏訪覈遺源古經現在莫先於

四十二章傳譯所始靡踰張騫之使洎章和以降經出蓋闕良由梵文雖至緣運或殊有譯乃傳無譯則隱苟非其人道不虛行也邇及桓靈經來稍廣安清朔佛之儔支讖嚴調之屬翻譯轉梵萬里一契離文合義炳煥相接矣儻法輪屆心莫或條叙爰自安公始述名錄銓品譯才標列歲月妙典可徵實賴伊人敢以末學嚮附前規率其管見接爲新錄兼廣訪別目括正異同追討支竺時獲異經安錄所記則爲未盡今悉更苞舉以備錄體發源有漢迄于大梁運歷六代歲漸五百梵文證經四百有十九部華梵傳譯

八十有五人魚貫名第略爲備矣或同是一經而先後異出新舊舛駮卷數參差皆别立章條使無疑亂至於律藏初啟則詳書本源審覈人代列于上錄若經存譯亡則編于下卷將使傳法之緣有爭聞道之心無惑敬貽來世庶在不墜焉

新集撰出經律論錄第一

新集條解異出經錄第二

新集表序四部律錄第三闕

新集經律論錄第一

四十二章經一卷舊錄云孝明皇帝四十二章安法師所撰錄闕此經

右一部凡一卷漢孝明帝夢見金人詔遣使者張騫羽林中郎將秦景到西域始於月支國遇沙門竺摩騰譯寫此經還洛陽藏在蘭臺石室第十四間中其經今傳於世

安般守意經一卷（安公云一小安般經）

陰持入經一卷

百六十品經一卷（舊錄云增一阿含百六十章）

大十二門經一卷

小十二門經一卷

大道地經二卷（安公云大道地經者修行經抄也外國所抄）

人本欲生經一卷

道意發行經二卷今闕此經

阿毗曇五法經一卷舊錄云阿毗曇五法行經

七法經一卷舊錄云阿毗曇十法行經或云七法行今闕此經

五法經一卷

十報經二卷舊錄云長阿含十報法

普法義經一卷一名具法行具法經舍利弗普法義作舍利曰餘竝同

義決律一卷或云義決律法行經安公云此上二經出長阿含今闕

漏分布經一卷

四諦經一卷安公云上二經出長阿含

七處三觀經二卷

九橫經一卷

八正道經一卷安公云上三經出雜阿含中

雜經四十四篇二卷安公云出增一阿含既不標未詳何經今闕

五十校計經二卷或云明度五十校計經

大安般經一卷

思惟經一卷或云思惟畧要法

十二因緣經一卷

五陰喻經一卷舊錄云五陰譬喻經

轉法輪經一卷或云法輪轉經

流攝經一卷　舊錄云一切流攝經或云一切流攝守經

是法非法經一卷

法受塵經一卷

十四意經一卷　舊錄云菩薩十意經今闕此經

本相猗致經一卷　安公云出中阿含也

阿含口解一卷　或云阿含口解十二因緣經或云斷十二因緣經舊錄云安侯口解凡有四名同一本

阿毗曇九十八結經一卷　今闕

禪行法想經一卷

難提迦羅越經一卷　今闕

右三十四部凡四十卷漢桓帝時安息國沙門安世高所譯出其四諦口解十四意九十八結安公云似世高撰也

道行經一卷安公云道行品經者般若抄也外國高明者所撰安公爲之序注

右一部凡一卷漢桓帝時天竺沙門竺朔佛賫梵本至中夏到靈帝時於洛陽譯出

般若道行品經十卷或云摩訶般若波羅蜜經或八卷光和二年十月八日出

首楞嚴經二卷中平二年十二月八日出今闕

般舟三昧經二卷舊錄云大般舟三昧經光和二年十月初八日出

伅真陀羅經二卷舊錄云伅真陀羅王經別錄所載安錄無今闕

方等部古品曰遺日說般若經一卷 今闕

光明三昧經一卷 出別錄 安錄無

阿闍世王經二卷 安公云出長阿含 舊錄阿闍世經

寶積經一卷 安公云一名摩尼寶光和二年出舊錄云摩尼寶經二卷

問署經一卷 安公云出方等部或云文殊問菩薩署經

胡般泥洹經一卷 今闕

兜沙經一卷

阿閦佛國經一卷 或云阿閦佛剎諸菩薩學成品經或云阿閦佛經

孛本經二卷 今闕

內藏百品經一卷 安公云出方等部舊錄云內藏百寶經遍校羣錄竝云內藏百寶無

內藏百品故知卽此經也

右十四部凡二十七卷漢桓帝靈帝時月支國沙門支讖所譯出其古品巳下至內藏百品凡九經安公云似支讖出也

成具光明經一卷 或云成具光明三昧經或云成具光明定意經

右一部凡一卷漢靈帝時支曜譯出

法鏡經一卷 安公云出方等部

十慧經一卷 或云沙彌十慧

右二部凡二卷漢靈帝時沙門嚴佛調都尉安玄共譯出十慧是佛調所撰

中本起經二卷（或云太子中本起經）

右一部凡二卷漢獻帝建安中康孟詳譯出

法句經二卷

右一部凡二卷魏文帝時天竺沙門維祇難

以吳王孫權黃武三年賫梵本武昌竺將炎

共支謙譯出

維摩詰經二卷（闕）

大般泥洹經二卷（安公云出長阿含祐案今長阿含與此異）

瑞應本起經二卷

小阿差末經二卷（闕）

慧印經一卷或云慧印三昧經或云寶網慧印三昧經

本業經一卷或云菩薩本業經

法句經二卷

須賴經一卷或云須賴菩薩經

梵摩渝經一卷

私阿末經一卷或作私呵昧案此經即是菩薩道樹經也

微密持經一卷或云無量門微密持經

阿彌陀經二卷內題云阿彌陀三耶三佛薩樓檀過度人道經

月明童子經一卷一名月明童男一名月明菩薩三昧經

義足經二卷

阿難四事經一卷

差摩竭經一卷

優多羅母經一卷闕

七女經一卷安公云出阿毗曇

八師經一卷

釋摩男經一卷安錄云出中阿含經

孛抄經一卷今孛經一卷即是

明度經四卷或云大明度無極經

老女人經一卷安公云出阿毗曇

齋經一卷闕

四願經一卷

悔過經一卷或云序十方禮悔過文

賢者德經一卷

佛從上所行三十偈一卷闕

了本生死經一卷安公云出生經祐案五卷生經無此名也

唯明二十偈一卷

首楞嚴經二卷別錄所載安錄無今闕之

龍施女經一卷別錄所載安錄無

法鏡經二卷出別錄安錄無

鹿子經一卷別錄所載安錄無載

十二門大方等經一卷別錄所載安錄無今闕
頼吒和羅經一卷別錄所載安錄無或云羅漢頼吒和羅經
右三十六部四十八卷魏文帝時支謙以吳主孫權黃武初至孫亮建興中所譯出
六度集經九卷或云六度無極經或云度無極集或云雜無極經
吳品五卷凡有十品今闕
右二部凡十四卷魏明帝時天竺沙門康僧會以吳主孫權孫亮世所譯出
首楞嚴經二卷闕
又須頼經一卷闕

除災患經二卷 闕

右三部凡四卷魏高貴公時白延所譯出別
錄所載安公錄先無其名

放光經二十卷 晉元康元年五月十五日出有九十品一名舊小品闕

右一部凡二十卷魏高貴公時沙門朱士行
以甘露五年到于闐國寫得此經正品梵書
梵本十九章到晉武帝元康初於陳留倉垣
水南寺譯出

光讚經十卷 十七品太康七年十一月二十五日出

賢劫經七卷 舊錄云賢劫三昧經或云賢劫定意經元康元年七月二十一日出

正法華經十卷 二十七品舊錄云正法華經或云方等正法華經太康七年八月十日出

普耀經八卷 四十品安公云出方等部永嘉二年五月出

大哀經七卷 二十八品舊錄云如來大哀經元康元年七月七日出

度世品經六卷 或云度世或爲五卷元康元年四月十二日出

密迹經五卷 或云密迹金剛力士經或七卷太康九年十月八日出

持心經六卷 十七品一名等御諸法一名莊嚴佛法舊錄云持心梵天經或云持心梵天所問經太康七年三月十日出

修行經七卷 二十七品舊錄云修行道地經太康五年二月二十三日出

漸備一切智經十卷 或五卷元康七年十一月二十一日出

生經五卷 或四卷

海龍王經四卷或三卷太康六年七月十日出

普超經四卷一名阿闍世王經或爲三卷舊錄云文殊普超三昧經太康七年十二月二十七日出

一名阿闍世王品安錄亦云更出阿闍世王經

阿惟越致經四卷太康五年十月十四日出

維摩詰經一卷一本云維摩詰名解

嚴淨佛土經二卷舊錄云是文殊師利嚴淨經或云文殊佛土嚴淨經

阿耨達經二卷一名弘道廣顯三昧經舊錄云阿耨達龍王經或云阿耨達請佛經

首楞嚴經二卷異出首稱阿難言

無量壽經二卷一名無量清淨平等覺經

寶藏經二卷舊錄云文殊師利寶藏經或云文殊師利現寶藏太始六年十月出

寶髻經二卷一名菩薩淨行經或云寶髻菩薩所問經永熙元年七月十四日出
要集經二卷或云諸佛要集經天竺曰佛陀僧祇提
佛昇忉利天品經二卷
等集衆德三昧經三卷舊録云等集衆德經或云等集三昧經
無盡意經四卷
離垢施女經一卷太康十年十二月二日出
郁迦長者經一卷或云郁迦羅越問菩薩行經即大郁迦經
大淨法門經一卷建始元年三月二十六日出
須眞天子經二卷泰始二年十一月出
幻士仁賢經一卷或云仁賢幻士經

魔逆經一卷 太康十年十二月二日出

濟諸方等經一卷 或云濟諸方等學經

德光太子經一卷 或云賴吒和羅所問光德太子經泰始六年九月三十日出

文殊師利淨律經一卷 一本云淨律經太康十年四月八日出

決定持經一卷

寶女經四卷 舊錄云寶女三昧經或云寶女問慧經太康八年四月二十七日出

如來興顯經四卷 一本云興顯如幻經元康元年十二月二十五日出

般舟三昧經二卷 安公錄云更出般舟三昧經

首意女經一卷 或云梵女首意經

十二因緣經一卷

月明童子經一卷 一名月光童子經

五十緣身行經一卷 舊錄云菩薩緣身五十事經或云菩薩行五十緣身經

六十二見經一卷 或云梵網六十二見經

四自侵經一卷 安公云出阿毘曇

須摩經一卷 舊錄云須摩提經或云須摩提菩薩經

隨權女經二卷 出別錄安錄無

方等泥洹經二卷 或云大般泥洹經泰始五年七月二十三日出

大善權經二卷 或云慧上菩薩問大善權經或云慧上菩薩經或云善權方便經或云善權方便所度無極經太康六年六月十七日出

無言童子經一卷 或云無言菩薩經

溫室經一卷 舊錄云溫室洗浴衆僧經

須王經一卷 一名維摩詰子問經安公云出方等部或云大方等須王經

聖法印經一卷 天竺名阿遮曇摩文圖安公云出雜阿含

移山經一卷 舊錄云力士移山經

文殊師利五體悔過經一卷 舊錄云文殊師利悔過經泰始七年正月二十七日出

持人菩薩經三卷 泰始七年九月十五日出

滅十方冥經一卷 元熙元年八月十四日出

無思議孩童經一卷 舊錄云孩童經或云無思議光孩童菩薩經或云無思議光經

迦葉集結經一卷 舊錄云迦葉結經

彌勒成佛經一卷與羅什所出異本

舍利弗目連遊諸國經一卷或云舍利弗摩目揵連遊諸四衢經

琉璃王經一卷

柰女耆域經一卷或云柰女經

寶施女經一卷

寶網童子經一卷舊錄云寶網經

順權方便經二卷女一本云惟權方便經舊錄云順權女經一云轉女身菩薩經太安二年四月九日出

五百弟子本起經一卷舊錄云五百弟子自說本末經太安二年五月一日出或云佛五百弟子自說本起經

佛爲菩薩五夢經一卷舊錄云佛五夢太安二年五月六日出或云太子五夢

普門經一卷一本云普門品太康八年正月十一日出

如幻三昧經二卷舊錄云三卷太安二年五月十一日出

彌勒本願經一卷或云彌勒菩薩所問本願經太安二年五月十七日出

舍利弗悔過經一卷太安二年五月二十日出

胞胎經一卷舊錄云胞胎受身經太安二年八月一日出

十地經一卷或云菩薩十地經太安二年十二月四日出

摩目揵連本經一卷

太子慕魄經一卷

四不可得經一卷

菩薩悔過經一卷或云菩薩悔過法下注云出龍樹十住論

當來變經一卷

乳光經一卷

心明女梵志婦飯汁施經一卷或云心明經

大六向拜經一卷舊錄云六向拜經或云威花長者六向拜經

鴦掘摩經一卷或云指髻經或云指鬘經

菩薩十住經一卷太安元年十月三日出

摩調王經一卷出六度集太安三年正月十八日出

象步經一卷一云無所希望經

照明三昧經一卷太安三年二月一日出

所欲致患經一卷太安三年二月七日出

法沒盡經一卷或云空寂菩薩所問經太熙元年二月七日出

菩薩齋法一卷一名菩薩正齋經一名持齋經

獨證自誓三昧經一卷或云如來獨自誓三昧經

過去佛分衛經一卷舊錄云過世佛分衛經

五蓋疑結失行經一卷安公云不似護公出後記云永寧二年四月十二日出

阿差末經四卷或云阿差末菩薩經別錄所載安錄先闕永嘉元年十二月一日出

無極寶經一卷別錄所載先闕安錄或云無極寶三昧經永嘉元年三月五日出

阿述達經一卷別錄所載安錄先闕舊錄云阿述達女經或云阿闍世王女阿述達菩薩經

右九十五部凡二百六卷今並有其經

等目菩薩經二卷（别錄所載安錄先闕）

閑居經十卷

更出小品經七卷

總持經一卷（祐案出生經或佛心總持）

超日明經二卷

删維摩詰經一卷（祐意謂先出維摩煩重護删出逸偈）

虎耳意經一卷（一名二十八宿經）

無憂施經一卷（一本云阿闍世女名無憂施）

五福施經一卷

樓炭經五卷安公云出方等部太安元年正月二十三日出

勇伏定經二卷安公云更出首楞嚴元康元年四月九日出

嚴淨定經一卷一名序世經元熈元年二月十八日出

慧明經一卷

迦葉本經一卷或云大迦葉本

光世音大勢至受決經一卷

諸方佛名經一卷

目連上淨居天經一卷

普首童經一卷

十方佛名經一卷

三品修行經一卷安公云近人合大修行經

金益長者子經一卷

衆祐經一卷

觀行不移四事經一卷元康中出

小汯沒盡經一卷

四婦喻經一卷元康中出

廬夷亘經一卷

諸神咒經三卷

盧羅王經一卷

龍施經一卷

檀若經一卷
馬王經一卷永平元年中出
普義經一卷永平中出
鹿母經一卷元康初出
給孤獨明德經一卷舊錄云給孤獨氏經太熈元年末出
龍王兄弟陀達誡王經一卷達是達字
勸化王經一卷
百佛名經一卷
更出阿闍世王經二卷建武元年四月十六日出
植衆德本經一卷

沙門果證經一卷
龍施本起經一卷舊錄云龍施本經或云龍施女經
佛悔過經一卷
三轉月明經一卷
解無常經一卷
胎藏經一卷
離垢蓋經一卷
小郁迦經一卷
阿闍世女經一卷
賈客經二卷建武元年三月二日出

人所從來經一卷永興二年正月二十五日出

誡羅云經一卷

鴈王經一卷太始九年二月一日出

十等藏經一卷永興二年正月二十八日出

鴈王五百鴈俱經一卷永興二年二月二日出

誡具經一卷永興二年二月七日出

決道俗經一卷永興二年二月十一日出

猛施經一卷舊錄云猛施道地經永興二年二月二十日出

城喻經一卷永興二年三月一日出

耆闍崛山解經一卷

譬喻三百首經二十五卷永興三年二月七日出

比丘尼誡經一卷太始三年九月十日出

誡王經一卷

三品悔過經一卷太始三年九月二十一日出

菩薩齋法經一卷舊錄云菩薩齋經或云賢首菩薩齋經

右六十四部凡一百一十六卷經今闕

合二件凡一百五十四部合三百九卷晉武帝時沙門竺法護到西域得梵本還自太始中至懷帝永嘉二年已前所譯出祐捃摭群錄遇護公所出更得四部安錄先闕今條入錄中安公云遭亂錄散小小錯

涉故知今之所獲審是護出也

超日明經二卷舊錄云超日明三昧經

右一部凡二卷晉武帝時沙門竺法護先譯梵文而詞義煩重優婆塞聶承遠整理文偈刪爲二卷

須眞天子經二卷或云須眞天子問四事經太始二年十一月初八日出

右一部凡二卷晉武帝世天竺菩薩沙門曇摩羅察口授出安文慧白元信筆受

異維摩詰經三卷

首楞嚴經二卷別錄所載安錄先闕舊錄有叔蘭首楞嚴二卷

右二部凡五卷晉惠帝時竺叔蘭以元康元年譯出

惟逮菩薩經一卷 今闕

右一部凡一卷晉惠帝時沙門帛法祖譯出

樓炭經六卷 別錄所載安錄先闕

大方等如來藏經一卷 舊錄云佛藏方等經

法句本末經四卷 一名法句喻經或云六卷或云法句譬經

福田經一卷 或云諸德福田經

右四部凡十二卷晉惠帝懷帝時沙門法炬譯出其法句喻福田二經炬與沙門法立共譯

出

總前出經自安世高已下至法立已上凡十七家竝安公錄所載其張騫秦景竺朔佛維祇難竺將炎白延帛法祖凡七人是祐校衆錄新獲所附入自衛士度已後皆祐所新撰

摩訶般若波羅蜜道行經二卷（衆錄竝云道行經二卷衛士度畧出今闕）

右一部凡二卷晉惠帝時衛士度略出

合維摩詰經五卷（合支謙竺法護竺叔蘭所出維摩三本合爲一部）

合首楞嚴經八卷（合支讖支謙竺法護竺叔蘭出首楞嚴四本合爲一部或爲五卷）

右二部凡十三卷晉惠帝時沙門支敏度所

集其合首楞嚴傳云亦愍度所集既闕注目
未詳信否
大孔雀王神咒一卷
孔雀王雜神咒一卷
右二部凡二卷晉元皇帝時西域高座沙門
尸梨蜜所出
譬喻經十卷舊錄云正譬喻經十卷
右一部凡十卷晉成帝時沙門康法邃抄集
衆經撰此一部
十誦比丘戒本一卷或云十誦大比丘戒

右一部凡一卷晉簡文帝時西域沙門曇摩持誦賫梵本竺佛念譯出

比丘尼大戒一卷

右一部凡一卷晉簡文帝時沙門釋僧純於西域拘夷國得梵本到關中令竺佛念曇摩持慧常共譯出

摩訶鉢羅若波羅蜜經抄五卷一名長安品經或云摩訶般若波羅蜜經

僞秦符堅建元十八年出

右一部凡五卷晉簡文帝時天竺沙門曇摩蜱執梵大品本竺佛念譯出

雜阿毗曇毘婆沙論四卷（僞秦建元十九年四月出至八月二十九日出訖或云雜阿毘曇心）

婆須蜜集十卷（建元二十年三月十五日出至七月十三日訖）

僧伽羅刹集經三卷（秦建元二十年十一月三十日出）

右三部凡二十七卷晉孝武帝時罽賓沙門僧伽跋澄以苻堅時入長安跋澄口誦毗婆沙佛圖羅刹譯出又賫婆須蜜梵本竺佛念譯出

四阿含暮抄經二卷

右一部凡二卷晉孝武帝時西域沙門鳩摩

羅佛提於鄴寺出佛提執梵本竺佛念佛護
爲譯僧導僧叡筆受

三十七品經一卷晉太元二十年歲在丙申六月出

賢劫千佛名經一卷

右二部凡二卷晉孝武帝時天竺沙門竺曇
無蘭在揚州謝鎮西寺譯出

增一阿含經三十三卷秦建元二十年夏出至二十一年春訖定三十三卷或分爲三十四卷

中阿含經五十九卷同建元二十年出

右二部凡九十二卷晉孝武帝時兜佉勒國

沙門曇摩難提以符堅時入長安難提口誦
梵本竺佛念譯出

出曜經十九卷

菩薩瓔珞經十二卷

十住斷結經十一卷

菩薩處胎經五卷一名胎經或爲四卷

中陰經二卷闕

王子法益壞目因緣經一卷或云阿育王息壞目因緣經

右六部凡五十卷晉孝武帝時涼州沙門竺
佛念以符堅時於關中譯出

中阿含經六十卷晉隆安元年十一月十日於東亭寺譯出至二年六月二十五日訖與曇摩難提所出本不同

阿毗曇八揵度二十卷一名迦旃延阿毗曇建元十九年出

阿毗曇心論十六卷或十三卷苻堅建元末於洛陽出

鞞婆沙阿毗曇論十四卷一名廣說同在洛陽譯出

阿毗曇心論四卷晉太元十六年在廬山爲遠公譯出

三法度二卷同以大元十六年於廬山出

右六部凡一百一十六卷晉孝武帝及安帝

時罽賓沙門僧伽提婆所譯出

新大品經二十四卷僞秦姚興弘始五年四月二十三日於逍遥園譯出至六年四

月二十三日訖

新小品經七卷弘始十年二月六日譯出至四月二十日訖

新法華經七卷弘始八年夏於長安大寺譯出

新賢劫經七卷今闕

華首經十卷一名攝諸善根經

新維摩詰經三卷弘始八年於長安大寺出

新首楞嚴經二卷

十住經五卷或四卷定五卷什與佛馱耶舍共譯出

思益義經四卷或云思益梵天問經

持世經四卷或三卷

自在王經二卷弘始元年出

佛藏經三卷一名選擇諸法或爲二卷

菩薩藏經三卷一名富樓那問亦名大悲心或爲二卷

稱揚諸佛功德經三卷一名集華

無量壽經一卷或云阿彌陀經

彌勒下生經一卷

彌勒成佛經一卷

金剛般若經一卷或云金剛般若波羅蜜經

諸法無行經一卷

菩提經一卷或云文殊師利問菩薩經

遺教經一卷（或云佛垂般泥洹畧說教戒經）

十二因緣觀經一卷（闕本）

菩薩呵色欲經一卷

禪法要解二卷（或云禪要經）

禪經三卷（一名菩薩禪法經與坐禪三昧經同）

雜譬喻經一卷（比丘道略所集）

大智論百卷（於逍遥園譯出或分爲七十卷）

誠實論十六卷

十住論十卷

中論四卷

十二門論一卷

百論二卷弘始六年譯出

十誦律六十一卷已入律錄

十誦比丘戒本一卷

禪法要三卷弘始九年閏月五日重校正

右三十五部凡二百九十四卷晉安帝時天竺沙門鳩摩羅什以僞秦姚興弘始三年至長安於大寺及逍遥園譯出

長阿含經二十二卷秦弘始十五年出竺佛念傳譯

曇無德律四十五卷已入律錄

虚空藏經一卷（或云虚空藏菩薩經三藏後還外國於罽賓得此經附商人送至涼州）

曇無德戒本一卷

右四部凡六十九卷晋安帝時罽賓三藏法師佛馱耶舍以姚興弘始中於長安譯出

舍利弗阿毗曇論二十二卷（或云二十卷）

右一部凡二十二卷晋安帝時外國沙門毗婆沙爲姚興於長安石羊寺譯出

大般涅槃經三十六卷（僞河西王沮渠蒙遜玄始十年十月二十三日譯出）

方等大集經二十九卷（或云大集經玄始九年譯出或三十卷或二十四卷）

方等王虚空藏經五卷（或云大虚空藏經檢經文與大集經第八虚空藏品同未）

詳是别出者不别録云河南國乞佛時沙門釋聖堅譯出

方等大雲經四卷或云方等無想大雲經或爲六卷玄始六年九月出

悲華經十卷别録或云龔上出玄始八年十二月出

金光明經四卷玄始六年五月出

海龍王經四卷玄始七年正月出

菩薩地持經八卷或云菩薩戒經或云菩薩地經玄始七年十月初一日出

菩薩戒本一卷别録云燉煌出

優婆塞戒經七卷玄始六年四月十日出

菩薩戒經八卷

菩薩戒優婆塞戒壇文一卷玄始十年十二月出

右十一部凡一百一十七卷晉安帝時天竺沙門曇摩讖至西涼州爲僞河西王大沮渠蒙遜譯出（或作曇無讖）

阿毗曇毗婆沙論六十卷（丁丑歲四月出至己卯歲七月訖）

右一部凡六十卷晉安帝時涼州沙門釋道泰共西域沙門浮陀跋摩於涼州城內苑閑豫宮寺譯出初出一百卷尋值涼王大沮渠國亂亡散失經文四十卷所餘六十卷傳至京師

寳梁經二卷

右一部凡二卷晉安帝時沙門釋道龔出傳云

於涼州出

大方廣佛華嚴經五十卷沙門支法領於于闐國得此經梵本到晉義熙十四年三月十日於道場寺譯出至宋永初二年十二月二十八日都訖

觀佛三昧經八卷

新無量壽經二卷永初二年道場寺出

禪經修行方便經二卷一名庾伽遮羅浮迷譯言修行道地一名不淨觀經凡有十七品

大方等如來藏經一卷或云如來藏今闕

菩薩十住經一卷

出生無量門持經一卷

新微密持經一卷闕

本業經一卷闕

淨六波羅蜜經一卷闕

文殊師利發願經一卷晉元熙二年歲在庚申於道場寺出

右十一部凡六十七卷晉安帝時天竺禪師佛馱跋陀羅至江東及宋初於廬山及京都譯出

大般泥洹經六卷晉義熙十三年十一月一日道場寺譯

方等泥洹經二卷今闕

摩訶僧祇律四十卷　已入律錄

僧祇比丘戒本一卷　今闕

雜阿毗曇心論十二卷　今闕

雜藏經一卷

綖經　梵文未譯出

長阿含經　梵文未譯

雜阿含經　梵文未譯

彌沙塞律　梵文未譯

薩婆多律抄　梵文未譯

佛遊天竺記一卷

右十一部定出六部凡六十三卷晉安帝時
沙門釋法顯以隆安三年遊西域於中天竺
師子國得梵本歸京都住道場寺就天竺禪
師佛馱跋陀羅共譯出
其長雜二阿含綖經彌沙塞律薩婆多律抄
猶是梵文未得譯出

方等檀持陀羅尼經四卷或云大方等陀羅尼或云檀持陀羅尼

右一部凡四卷晉安帝時高昌郡沙門釋法
衆所譯出

普門品經一卷闕

右一部凡一卷西域沙門祇多蜜所出傳云
晉世出未詳何帝時

決定毗尼經一卷（一名破壞一切心識）

右一部凡一卷衆錄並云於涼州燉煌出未
審譯經人名傳云晉世出未詳何帝時

新無量壽經二卷（宋永初二年於道場寺出一錄云於六合山寺出）

佛所行讚五卷（一名馬鳴菩薩讚或云佛本行讚六合山寺出）

右二部凡七卷宋孝武皇帝時沙門釋寶雲
於六合山寺譯出

觀世音受記經一卷

右一部凡一卷宋武帝時黄龍國沙門曇無竭遊西域譯出

彌沙塞律三十四卷即釋法顯所得梵本以宋景平元年七月譯出已入律録

彌沙塞比丘戒本一卷與律同時出

彌沙塞羯磨一卷與律同時出

右三部凡三十六卷宋榮陽王時沙門竺道生釋慧嚴請罽賓律師佛馱什於京都龍光寺譯出

雜阿毗曇心論十三卷今闕

右一部凡十三卷宋文帝時西域沙門伊葉

波羅以元嘉三年爲北徐州刺史王仲德於
彭城譯出至擇品未竟至八年更請三藏法
師於京都校定
菩薩善戒十卷或云菩薩地十卷
優婆塞五戒略論一卷一名優婆塞五戒相
三歸及優婆塞二十二戒一卷或云優婆塞戒
曇無德羯磨一卷或云雜羯磨
右四部凡十三卷宋文帝時罽賓三藏法師
求那跋摩於京都譯出
雜阿毗曇心論十四卷宋元嘉十年於長干寺出寶雲傳譯其年九月訖

摩得勒伽經十卷宋元嘉十二年乙亥歲正月於秣陵平樂寺譯出至九月二十二日訖

分別業報略一卷大勇菩薩撰

勸發諸王要偈一卷龍樹菩薩撰

請聖僧浴文一卷闕

右五部凡二十七卷宋文帝時天竺三藏法師僧伽跋摩於京都譯出

觀普賢菩薩行法經一卷或云普賢觀經下注云出深功德經中

虛空藏觀經一大藏或云觀虛空藏菩薩經

禪秘要三卷元嘉十八年譯出或云禪法要或五卷

五門禪經要用法二卷

右四部凡六卷宋文帝時罽賓禪師曇摩蜜多以元嘉中於祇洹寺譯出

普耀經六卷

四天王經一卷

廣博嚴淨經四卷或云廣博嚴淨不退轉輪經

右三部十一卷宋文帝時沙門釋智嚴以元嘉四年共沙門寶雲譯出

般泥洹經二十卷闕

摩訶僧祇律一部梵本未譯出

右二部定出一部凡二十卷宋文帝時沙門釋智猛遊西域還以元嘉中於西涼州譯出泥洹經一部至十四年賫還京都

賢愚經十三卷（宋元嘉二十二年出）

右一部凡十三卷宋文帝時涼州沙門釋曇學威德於于闐國得此經梵本於高昌郡譯出（天安寺釋弘宗傳）

雜阿含經五十卷（宋元嘉中於瓦官寺譯出）

大法鼓經二卷（東安寺譯出）

勝鬘經一卷（丹楊郡譯出）

八吉祥經一卷元嘉二十九年正月十三日於荆州譯出
楞伽阿跋多羅寶經四卷道場寺譯出
央掘魔羅經四卷道場寺譯出
過去現在因果經四卷宋元嘉中譯
相續解脱經二卷東安寺出
第一義五相略一卷東安寺譯出
釋六十二見經一卷闕
泥洹經一卷似即一卷泥曰闕
無量壽經一卷闕
現在佛名經三卷

無憂王經一卷闕

右十四部凡七十六卷宋文帝時天竺摩訶乘法師求那跋陀羅以元嘉中及孝武時宣出諸經沙門釋寶雲及弟子菩提法勇傳譯

觀彌勒菩薩上生兜率天經一卷或云觀彌勒菩薩經或云觀彌勒經

觀世音觀經一卷

禪要秘密治病經二卷宋孝建二年於竹園寺譯出

佛母般泥洹經一卷孝建二年於鍾山定林上寺譯出一名大愛道般泥洹經

右四部凡五卷宋孝武帝時僞河西王從弟沮渠安陽侯於京都譯出前二觀先在高昌

郡久已譯出於彼賫來京都

念佛三昧經六卷宋大明六年譯出或云菩薩念佛三昧經

破魔陀羅尼經一卷或云無量門破魔陀羅尼經大明六年譯出

右二部凡七卷宋孝武帝時西域沙門功德直至荆州沙門釋玄暢請於禪房譯出

十誦羯磨一卷或云畧要羯磨法十誦律出

右一部凡一卷宋景和中律師釋僧璩於京都撰出

十誦比丘尼戒本一卷或云十誦比丘尼大戒

十誦律羯磨雜事一卷

右二部凡二卷宋明帝時律師法穎於京都
撰出

海意經七卷闕
如來恩智不思議經五卷闕
寶頂經五卷闕
無盡意經十卷闕
三密底耶經一卷漢言賢人用律闕

右五部凡二十八卷宋明帝時天竺沙門竺
法卷於廣州譯出並未至京都

雜寶藏經十三卷闕

付法藏因緣經六卷闕

方便心論二卷闕

右三部凡二十一卷宋明帝時西域三藏吉迦夜於北國以僞延興二年共僧正釋曇曜譯出劉孝標筆受此三經並未至京都

無量義經一卷

右一部凡一卷齊高帝時天竺沙門曇摩伽陀耶舍譯出

五百本生經未詳卷數闕

他毗利齊言宿德律未詳卷數闕

右二部齊武皇帝時外國沙門大乘於廣州
譯出未至都
善見毗婆沙律十八卷或云毗婆沙律齊永明七年出
右一部凡十八卷齊武帝時沙門釋僧猗於
廣州竹林寺請外國法師僧伽跋陀羅譯出
觀世音懺悔除罪咒經一卷永明八年十二月十五日譯出
妙法蓮華經提婆達多品第十二一卷
右二部凡二卷齊武皇帝時先師獻正遊西
域於于闐國得觀世音懺悔咒梵本還京都
請瓦官禪房三藏法師法意共譯出自流沙

以西妙法蓮華經竝有提婆達多品而中夏
所傳闕此一品先師至高昌郡於彼獲本仍
寫還京都今別爲一卷

百句譬喻經十卷（齊永明十年九月十日譯出或五卷）

右一部凡十卷齊武帝時天竺沙門求那毗
地於京都譯出

毗跋律一卷

右一部凡一卷齊武帝時沙門釋法度出

教戒比丘尼法一卷

右一部凡一卷梁天監三年鍾山靈耀寺沙

門釋僧盛依四分律撰

大智論抄二十卷一名要論

右一部凡二十卷晉安帝世廬山沙門釋慧遠以論文繁積學者難省故略要抄出

虚空藏經八卷

右一部凡八卷宋武帝世河南國乞伏時沙門聖堅出

十二因緣經一卷建武二年出

須達長者經一卷建武二年出

都合四百五十部凡一千八百六十七卷

新集異出經錄第二

異出經者謂梵本同而漢文異也梵書複隱宣譯多變出經之士才趣各殊辭有質文意或詳略故令本一末二新舊參差若國言訛轉則音字楚夏譯辭格礙則事義胡越豈西傳之踳駁乃東寫之乖謬耳是以泥洹楞嚴重出至七般若之經别本迺八傍及衆典往往如兹今竝條目列入以表同異其異出雜經失譯名者皆附失源之錄

般若經 支讖出般若道行品經十卷出古品遺日說般若一卷竺朔佛出道行經一卷道行者般若抄也朱士行出放光經二十卷一名舊小品竺法護更出小品經七卷衛士

度抄摩訶般若波羅蜜道行經二卷曇摩蜱出摩訶鉢羅若波羅蜜經五卷一名長安品經鳩摩羅什出新大品二十四卷小品七卷

右一經七人異出

般泥洹經 支讖出梵般泥洹經一卷支謙出大般泥洹經二卷竺法護出方等泥洹經二卷曇摩讖出大般涅槃經三十六卷釋法顯出大般泥洹經六卷方等泥洹經二卷釋智猛出泥洹經二十卷求那跋陀羅出泥洹經二卷

右一經七人異出其支謙大般泥洹與方等泥洹大同曇摩讖涅槃與法顯泥洹大同其餘三部並闕未詳同異

法華經 舊錄有薩芸分陀利經云是異出法華未詳誰出今闕此經竺法護出正法華經十卷鳩

摩羅什出新妙法蓮華經七卷

右一經三人出其一經失譯人名已入失源

錄

首楞嚴經　支讖首楞嚴二卷支謙首楞嚴二卷白延首楞嚴二卷竺法護更出勇伏定二卷即更出首楞嚴竺叔蘭首楞嚴經二卷鳩摩羅什新出首楞嚴二卷舊錄有蜀首楞嚴二卷未詳誰出

右一經七人出其一經失譯人名已入失源

錄

維摩詰經　支謙出維摩詰二卷竺法護出維摩詰經二卷又出刪維摩詰一卷竺叔蘭出維摩詰二卷鳩摩羅什出新維摩詰經三卷

右一經四人異出

無量壽經　支謙出阿彌陀經二卷竺法護出無量壽二卷或云無量清淨平等覺鳩摩羅什出無量壽一卷釋寶雲出新無量壽二卷求那跋陀羅出無量壽一卷

右一經五人異出

道地經　安世高出大道地二卷竺法護出修行道地七卷

右一經二人異出

普耀經　竺法護出普耀八卷釋智嚴出普耀六卷

右一經二人異出

賢劫經　竺法護出賢劫十卷鳩摩羅什出賢劫七卷

右一經二人異出

海龍王經　竺法護出海龍王四卷　曇摩讖出海龍王四卷

右一經二人異出

中阿含經　曇摩難提出中阿含五十九卷　僧伽提婆出中阿含六十卷

右一經二人異出

樓炭經　竺法護出樓炭五卷　釋法炬出樓炭六卷

右一經二人異出

微密持經　支謙出微密持一卷　佛馱跋陀出微密持一卷

右一經二人異出

大方等如來藏經　釋法炬出大方等如來藏一卷　佛馱跋陀出大方等如來藏一卷

右一經二人異出

本業經 支謙出本業一卷佛馱跋陀出本業一卷

右一經二人異出

十住經 鳩摩羅什出十住四卷佛馱跋陀出菩薩十住一卷

右一經二人異出

超日明經 竺法護出超日明二卷聶承遠出超日明二卷即删整護公所出者

右一經二人異出

般舟三昧經 支讖出般舟三昧二卷竺法護出般舟三昧二卷

右一經二人異出

彌勒成佛經 竺法護出彌勒成佛一卷鳩摩羅什出彌勒成佛一卷

右一經二人異出

觀世音受決經竺法護出光世音大勢至受決經一卷曇無竭出觀世音受記經一卷

右一經二人異出

月明童子經支謙出月明童子經一卷竺法護出月明童子經一卷

右一經二人異出

普門經竺法護出普門品一卷祇多蜜出普門品一卷

右一經二人異出

鴦掘魔經竺法護出鴦掘魔經一卷求那跋陀羅出鴦掘魔羅經四卷

右一經二人異出

阿闍世王經支讖出阿闍世三經二卷竺法護更出阿闍世王經一卷

右一經二人異出

十二因緣經安世高出十二因緣經一卷竺法護出十二因緣經一卷

右一經二人異出

阿差末經支謙出阿差末二卷竺法護出阿差末四卷

右一經二人異出

禪經鳩摩羅什出禪經四卷禪法要解二卷佛馱跋陀出禪經三卷曇摩蜜多出禪法要三卷五門禪經要用法一卷沮渠安陽侯出禪要秘密治病經二卷

右一經四人異出

虛空藏經曇摩讖出方等王虛空藏五卷曇摩蜜多出虛空藏觀一卷聖堅出虛空藏五卷佛陀耶舍出虛空藏經一卷

右一經四人出

譬喻經 安世高出五陰譬喻一卷竺法護出譬喻三百首經二十五卷無別題未詳其名釋法炬出法句譬六卷求那毗地出百句譬喻十卷康法邃出譬喻經十卷

右一經五人出

無盡意經 竺法護出無盡意四卷竺法卷出無盡意十卷曇摩讖大集後無盡意四卷

右一經三人出

菩薩地持經 曇摩讖出菩薩地持八卷三藏求那跋摩出菩薩戒十卷

右一經二人出

比丘戒本 曇摩持誦出十誦比丘戒本一卷羅什出十誦比丘戒本一卷佛馱耶舍出曇無德戒本一卷釋法顯出僧祇比丘戒本一卷佛馱什出彌沙塞比丘戒本一卷

右一經五人出校衆錄竝云二百五十戒凡

有六種異出其一本無譯名入失源錄中

比丘尼戒竺法護出比丘尼戒一卷今闕釋僧純出比丘尼大戒一卷釋法穎撰十誦比丘尼戒本一卷覓歷所傳大比丘尼戒一卷是疑經今闕

右一經四人出

阿毗曇安世高出阿毘曇五法七法二卷今闕七法阿毗曇九十八法一卷闕僧伽跋摩出阿毗曇毗婆沙十四卷阿毗曇心四卷僧伽提婆出阿毗曇鞞婆沙十四卷阿毗曇心十六卷天竺毗婆沙師出舍利弗阿毗曇二十二卷浮陀跋摩出阿毗曇毗婆沙六十卷釋法顯出雜阿毘曇心十三卷伊葉波羅出雜阿毗曇心十三卷僧伽跋摩出雜阿毘曇心十四卷迦旃延阿毘曇心二十卷未詳誰出已入失源錄

右一經凡九人出

成具光明經 支讖 支謙

右一經二人異出

法鏡經 安公 支謙

右一經二人異出

法句經 祇難 支謙

右一經二人異出

無量壽經一卷 鳩摩羅什 求那跋陀

右一經二人異出

長阿含經 佛馱耶舍 釋法顯

右一經二人異出

摩訶僧祇律 釋法顯 釋智猛

右一經二人異出

小品 竺法護 鳩摩羅什

右一經二人異出

方等泥洹經 竺法護 釋法顯

右一經二人異出

長者須達經 安公雜錄又有此經求那毗陀出

出三藏記集錄卷第二

出三藏記集卷第三

梁　釋　僧　祐　撰

新集安公古異經錄第一

古異經者蓋先出之遺文也尋安録自道地要語迄四姓長者合九十二經標爲古異雖經文散逸多有闕亡觀其存篇古今可辨或無别名題取經語以爲録目或撮略四含摘一事而立卷名號質實信古典矣安公覿其古異編之於末祐推其歲遠列之于首雖則失源而舊譯見矣

道地經中要語章一卷或云小道地經今有此經此巳下不稱有者並闕本自

數練意章一卷舊録云數練經安公云上二經出生經祐案今生經無此章名

梵志頞波羅延問尊種經一卷舊録云頞波延問種尊經今有此經

菩薩道地經一卷安公云出方等部中

颰披陀菩薩經一卷安公云出方等部中
五十五法誡經一卷或云五十五法行
一切義要一卷
說善惡道經一卷
愛欲聲經一卷一本云愛欲一聲經
摩訶遮咼淀經一卷
天王下作豬經一卷
魔王入目揵蘭腹經一卷一名弊魔試摩訶目連經舊錄云魔王入目連腹中經今有此經
始造浴佛時經一卷

十二賢者經一卷舊錄云十二賢經

佛併父弟調達經一卷安公云上十經出阿毘曇

憂墮羅迦葉經一卷

四部本文一卷安公云上二經出長阿含一本云出阿毘曇

中阿含本文一卷一本云出中阿含經六十卷

七漏經一卷或云七漏鈔經

讓德經一卷

有賢者法經一卷

摩訶厥彌難問經一卷或云大厥彌經

大本藏經一卷

說阿難持戒經一卷
阿難問何因緣持戒見世間貧亦現道貧經一卷
給孤獨四姓家問應受施經一卷
曉所諍不解結者經一卷
奇異道家難問住處經一卷
奇異道家難問法本經一卷
賢者手力經一卷
八法行經一卷
雜阿含三十章一卷
自見自知爲能盡結經一卷

有四求經一卷
佛本行經一卷
河中大聚沫經一卷或云水沫所漂經或云聚沫譬經今有此經
聞城譬經一卷舊錄云聞城十二因緣經或云貝多樹下思惟十二因緣經今有此經
便賢者坑經一卷坑字或作旃
自守亦不自守經一卷舊錄云不自守或云不自守意經今有此經
所非汝所經一卷
兩比丘得割經一卷
聽施比丘經一卷或云比丘聽施經今有此經
善馬有三相經一卷舊錄云馬三相經今有此經

馬有八弊惡態經一卷或云馬有入態弊人經今有此經
道德舍利日經一卷
舍利日在王舍國經一卷
獨居思惟自念止經一卷
問所明種經一卷
欲化從本相有經一卷或云欲從本經
獨坐思惟意中生念經一卷
佛說如是有諸比丘經一卷
比丘所求色經一卷
佛說道有比丘經一卷

色爲非常念經一卷安公云自此上二十二經是阿含一卷

色比丘念本起經一卷

佛說善惡意經一卷

比丘一法相經一卷

有二力本經一卷

有三力經一卷

有四力經一卷

人有五力經一卷

不聞者類相聚經一卷舊錄云類相聚經

天上釋爲故世在人中經一卷

爪頭土經一卷
身爲無有反復經一卷
師子畜生王經一卷
阿須倫子披羅門經一卷
披羅門子名不侵經一卷
生聞披羅門經一卷舊錄云生聞梵志經
有隳竭經一卷
署杜乘披羅門經一卷
佛在拘薩國經一卷
佛在優隨國經一卷

是時自梵自守經一卷

有三方便經一卷舊錄云三方便經

披羅門不信重經一卷

佛告舍日經一卷

四意止經一卷舊錄云四意止本行經

說人自說人骨不知腐經一卷安公云上四十五經出雜阿含祐校此雜阿含唯有二十五經而注作四十五斯豈傳寫筆散重書故謬歟夫晉記之變三豕魯史之温五門古賢其猶病諸況傭寫之人哉

佛有五百比丘經一卷

凡人有三事愚癡不足經一卷

佛誡諸比丘言我以天眼視天下人生死好醜尊者
畀者經一卷安公云此上三經出中阿含
彌蓮經一卷舊錄云彌蘭經或作彌蓮出六度集今有此經
阿鳩留經一卷
憂多羅經一卷
栴檀調佛經一卷
惡人經一卷
羅貧壽經一卷舊錄云羅彌壽或云那彌壽經
栴檀樹經一卷今有此經
難提和難經一卷或云難提和羅經

四姓長者難經一卷舊錄云四姓長者經

誓佛經一卷

右九十二部凡九十二卷是古典經

新集安公失譯經錄第二

祐校安公舊錄其經有譯名則繼錄上卷無譯名者則條目于下尋安錄自修行本起訖於和達凡一百有三十四經莫詳其人又關涼二錄竝關譯名今總而次列入失源之部安錄誠佳頗恨太簡注目經名撮題兩字且不列卷數行間相接後人傳寫名部混糅且朱點爲標朱滅則亂循空追求困於難了斯亦

璵璠之一玷也且衆錄雜經包集逸異名多復重迭相散紊今悉更删整標定卷部使名實有分尋覽無惑焉

修行本起經二卷 安公言南方近出直益小本起耳舊錄有宿行本起疑即此經

菩薩道樹經一卷 或云道樹三昧經或云私呵三昧經三名異並同一本

八念經一卷 舊錄云阿那律八念經

禪行三十七品經一卷

諸法本經一卷

申日經一卷 安公云出中阿含

月光童子經一卷

梵志孫陀耶致經一卷 安公云出中阿含

枯樹經一卷 安公云出中阿含

三十七品經一卷 安公云出律經

六淨經一卷 安公云出律經

應行律一卷

法律三昧經一卷

歡豫經一卷

三十二相經一卷 或云菩薩三十二相經

八十種好經一卷

演道俗經一卷 舊錄云演道俗業經

黑氏梵志經一卷

大愛道般泥洹經一卷

頗多和多耆經一卷

羅云母經一卷或云阿難多桓羅云母經

五母子經一卷

無垢賢經一卷或云無垢賢女經

八關齋經一卷

逝經一卷或云菩薩逝經

生死變化經一卷或云生死變識經一名見正比丘經或云見正經

普明王經一卷

文陀竭王經一卷

耶祇經一卷

五福德經一卷

末羅王經一卷

分惒檀王經一卷

長者音悅經一卷或云音悅經或云長者悅音不蘭迦葉經

首達經一卷舊錄云維先首達經

梵皇經一卷或云梵摩皇經

五百梵志經一卷

僧大經一卷或云佛大僧大經

法常住經一卷
大小諫王經二卷今有諫王經一卷未詳大小
波斯匿王經一卷或云波耶匿王經或云波斯匿王喪母經
摩夷比丘經一卷或云摩夷經
栴陀越國王經一卷
迦葉戒經一卷或云迦葉禁戒經
摩達王經一卷
五恐怖世經一卷舊録云五恐怖經
進學經一卷或云勸進學道經
四飯法經一卷或云四飯法章

梵摩難王經一卷

師比丘經一卷 或云比丘師經

十二死經一卷

五無反復經一卷

等入法嚴經一卷 或云菩薩等入法嚴經

治身經一卷 舊錄云佛治身經餘錄並同

治意經一卷 舊錄云佛治意經餘錄並同

十善十惡經一卷 安公云出阿毘曇

阿難念彌經一卷 安公云出中阿含

兜調經一卷 安公云出中阿含

四𧌒喻經一卷安公云出中阿含舊錄云四𧌒經或作四蛇經
馬有八態經一卷與古異錄馬八弊惡態經異本
金色女經一卷安公云出阿毘曇
太子須大拏經一卷
十夢經一卷安公云出阿毘曇舊錄云舍衛國王十夢經或云波斯匿王十夢經或云舍衛國王夢見十事經或云國王不黎先泥十夢經悉同一本
長者辯意經一卷舊錄云辯意長者經
長者須達經一卷或云須達經
孝子報恩經一卷一名孝子經
孝子睒經一卷或云菩薩睒經或云睒經

自愛不自愛經一卷舊錄云自愛經

長壽王經一卷

薩和檀王經一卷出六度集

未生怨經一卷

須摩提女經一卷

賢首夫人經一卷或云賢首經

七婦經一卷

玉耶女經一卷或云王耶經

新歲經一卷

阿難八夢經一卷舊錄云阿難七夢經衆錄並云七夢是誤作八字

車匿本末經一卷或云車匿經

九色鹿經一卷

五苦章句經一卷一名淨除罪蓋娛樂佛法經或云五道章句經

佛滅度後棺殮葬送經一卷

婦遇對經一卷舊錄云婦人遇辜經或云婦遇辜經

羅芸忍辱經一卷

阿難邠坻四時施經一卷舊錄云阿難邠坻四時布施經

蜜蜂王經一卷出六度集

阿調阿那含經一卷舊錄云訶鵰阿含經或作苛鵰阿那含經

戒德香經一卷

鬼子母經一卷

內外六波羅蜜經一卷安公云出方等部一本云內六波羅蜜經

小五濁經一卷舊錄云小五濁世經或云五濁世經或云五濁世本

弗迦沙王經一卷一名萍沙王五願經安公云出中阿含

伅眞陀羅所問寶如來經二卷或云伅眞陀羅所問寶如來三昧經或云伅眞陀羅經

迦旃偈經一卷舊錄云比丘迦旃說法沒偈經或云迦旃延說法沒盡偈百二十章

右九十二部今並有其經

七車經一卷

彌勒經一卷安公云出長阿含

阿拔經一卷安公云出長阿含或云阿拔摩納經
七事經一卷安公云出中阿含
墮藍經一卷安公云出中阿含
海有八事經一卷
堅心經一卷
太子和休經一卷或云私休經
分陁利經一卷舊錄云薩芸分陁利經或云是異出法華經
無希望經一卷或云無所希望經即是象步經之別名
內藏大方等經一卷
難等各第一經一卷舊錄云阿難迦葉舍利弗說各第一經

胎中女經一卷一名腹中女聽經或云阿羅呵公女腹中聽經
小阿闍世經一卷
普達王經一卷
小須賴經一卷
貧女人經一卷
惟留王經一卷舊錄云惟流王經
目佉經一卷安公云出方等部
理家難經一卷
迦留多王經一卷
梵志闍孫經一卷古錄云梵志闍遜經

波達王經一卷
抄寶積經一卷
悲心悒悒經一卷
趣度世道經一卷
異了本生死經一卷
長者威勢經一卷
鹹水喻經一卷安公云出中阿含舊錄云鹹水譬喻經
薩和達王經一卷
癡注經一卷
彌勒當來生經一卷

慧上菩薩經二卷 慧上菩薩經即是大善權經

調達經一卷

睒本經一卷

放鉢經一卷 安公云出方等部

賴吒譚羅經一卷 安公云出中阿含經

馬王經一卷 出六度集

和達經一卷 安公本錄訖於此

鉢呿沙經一卷

法海經一卷

失利越經一卷

分身舍利經一卷
以身施餓虎經一卷
悉曇慕二卷
吉法驗一卷
口傳劫起盡一卷
仕行送大品本末一卷
律解一卷
打犍椎法一卷從鉢呿沙經至打犍椎法凡十一部先在安公注經錄末尋其間出或是晚集所得今移附此錄焉從七車經至打犍椎法凡五十部今並闕此經

右一百四十二部凡一百四十七卷是失譯

經

新集安公涼土異經錄第三

大忍辱經十卷

淨行經二卷

金剛三昧經一卷

蓱沙王經一卷

有無經一卷

五百偈一卷

須耶越國貧人經一卷舊錄云須耶越國貧人賃劚頭經

浮木經一卷

坏喻經一卷

妖怪經一卷

首至問十四章經一卷舊錄云首至問佛十四意經或云首至問十四事今有此經

阿般計泥洹經一卷一本作陶射計泥洹經

四非常經一卷

五失蓋經一卷

大愛道受戒經二卷舊錄云大愛道或云大愛道比丘尼今有此經

要眞經一卷

本無經一卷

勸德經一卷
十五德經一卷
父母因緣經一卷
不退轉經四卷或云不退轉法輪經
長者法志妻經一卷今有此經
金輪王經一卷
慧行經一卷
七智經一卷或作七知今有此經
末生王經一卷
內外無爲經一卷

道淨經一卷
七事本末經一卷舊錄云七事本行經
難龍王經一卷或云難龍經今有此經
阿陀三昧經一卷
百寶三昧經一卷
三乘經一卷
耆域術經一卷舊錄云耆域四術經
五蓋離疑經一卷
太子智止經一卷
大五濁經一卷舊錄云大五濁世經

道德章經一卷

苦相經一卷

須佛得度經一卷

由經一卷

須菩提品經七卷一本云法護出道行經同本異出

三慧經一卷

菩薩等行經一卷

分然洹國迦羅越經一卷

四無畏經一卷

五陰事經一卷今有此經

義決法事經一卷

權變經一卷舊錄云文殊師利權變三昧經或云權變三昧經

十漚恝經一卷

賢劫五百佛名經一卷

七言禪利經一卷舊錄云漚恝七言禪利經

菩薩十漚恝經一卷

十思惟經一卷

分別六情經一卷

三失蓋經一卷

佛寶三昧經一卷

法志女經一卷

文殊師利示現寶藏經二卷

右五十九部凡七十九卷是涼土異經

新集安公關中異經錄第四

阿難爲蠱道咒經一卷 舊錄云阿難爲蠱道所咒經

墮落優披塞經一卷 今有此經

薩和薩王經一卷

菩薩本行經一卷

藍達王經一卷 一名目連因緣功德經或云目連功德經今有此經

王舍城靈鷲山經一卷 舊錄云王舍城靈鷲山要直經

阿多三昧經一卷
思道經一卷
人民求願經一卷今有此經
大珍寶積惟日經一卷
陀賢王經一卷
佛在竹園經一卷
法爲人經一卷
道意經一卷
䫋迦羅問菩薩經一卷今有此經
阿夷比丘經一卷

颰陀悔過經一卷
太子辟羅經一卷舊錄云天王太子辟羅經
沙彌羅經一卷
八德經一卷
善德經一卷
方等決經一卷
摩訶揵陀惟衛羅盡信比丘等度經一卷舊錄云盡信比丘經
比丘三事經一卷
右二十四部凡二十四卷闕中異經
新集律分爲五部記錄第五　出毗婆沙

佛泥洹後大迦葉集諸羅漢於王舍城安居命優波
離出律八萬法藏有八十誦初大迦葉任持第二阿
難第三末田地第四舍那波提第五優波崛至百一
十餘年傳授不異一百一十餘年後阿育王出世初
大邪見毀壞佛法焚燒經書僧衆星散故八十誦灰
滅後值羅漢更生信心懺悔除罪甚有神力爲鐵輪
王王閻浮提能役鬼神一日一夜壞舍利八塔起八
萬四千塔還興顯佛法請諸羅漢誦出經律時有五
大羅漢各領徒衆弘通佛法見解不同或執開隨制
共相傳習遂有五部出焉十六大國隨用竝行競各

進業皆獲道證自非聖道玄通孰能使之然乎
後時五部異執紛然競起阿育王言皆誦佛語我今
何以測其是非問僧佛法斷事云何諸僧皆言法應
從多阿育王卽集五部僧共行籌當尒時衆取婆麁
富羅部籌多遂改此一部爲摩訶僧祇摩訶僧祇者
大衆名也若就今時此土行籌便此十誦律名摩訶
僧祇也大集經佛記未來世當有此等律出世與今
事相應立名不異也又有因緣經說佛在世時有一
長者夢見一張白氎忽然自爲五段驚詣佛所請問
其故佛言此乃我滅度後律藏當分爲五部耳

新集律分爲十八部記錄第六

佛滅度二百年後薩婆多部分出婆蹉部婆蹉部又分出三部一者法盛二者名賢三者六成彌沙塞部分出中間見迦葉維部分出一部一者僧伽提二者式摩一本三魔提摩訶僧祇部四百年時分出六部一者維跡二者多聞三者施設四者毗陀五者施羅六者上施羅又一本曇無德部此十八部見有同異文煩不復備寫

新集律來漢地四部序錄第七

昔甘露初開經法是先因事結戒律教方盛及氎蔓表其五分而𨓆多當其異部故知道運推移化緣不

壹矣至于中夏聞法亦先經而後律律藏稍廣始自
晉末而迦葉維部猶未東被既總集五家故存其名
錄若乃梵文至止之歲胡漢宣譯之人大衆講集之
處名德書翰之文並具舉遺事交相爲證使覽者昭
然究其始末云爾

薩婆多部十誦律六十一卷

薩婆多部者此言一切有也所說諸法一切有相學
內外典好破異道所集經書說無有我所受難能答
以此爲號昔大迦葉具持法藏次傳阿難至于第五
師優波掘本有八十誦優波掘以後世鈍根不能具

受故删爲十誦以誦爲名謂法應誦持也自玆巳下師資相傳五十餘人至秦弘始之中有罽賓沙門弗若多羅誦此十誦梵本來遊關右羅什法師於長安逍遥園三千僧中共譯出之始得二分餘未及竟而多羅亡俄而有外國沙門曇摩流支續至長安於是廬山遠法師慨律藏未備恩在究竟聞其至止乃與流支書曰佛教之與先行上國自分流巳來近四百年至於沙門德式所闕猶多頃西域道士弗若多羅者是罽賓持律其人諷十誦梵本有鳩摩耆婆者通才博見爲之傳譯十誦之中始備其二多羅早喪中

塗而廢不得究竟大業慨恨良深傳聞仁者賫此經自隨甚欣所遇冥運之來豈人事而已耶想弘道爲物感時而動叩之有人必情無所恪若能爲律學之衆留此經本開示梵行洗其耳目使始涉之流不失無上之津參懷勝業者日月彌朗此則惠深德厚人神同感矣幸望垂懷不孤往心一二悉諸道人所具不復多白曇摩流支得書方於關中共什出所餘律遂具一部凡五十八卷後有罽賓律師卑摩羅叉來遊長安羅什先在西域從其受律羅叉後自秦適晉住壽春石澗寺重校十誦律本名品遂正分爲六十

一卷至今相傳焉

曇無德四分律四十卷或分爲四十五卷

曇無德者此言法鏡一音曇摩毱多如來涅槃後有諸弟子顛倒解義覆隱法藏以覆法故名曇摩毱多是爲四分律蓋罽賓三藏法師佛陀耶舍所出也初耶舍於罽賓誦四分律不賫梵本而來遊長安秦司隸校尉姚爽欲請耶舍於中寺安居仍令出之姚主以無梵本難可證信衆僧多有不同故未之許也羅什法師勸曰耶舍甚有記功數聞誦習未曾脫誤於是姚主即以藥方一卷民籍一卷並可四十許紙令

其誦之三日便集僧執文請試之乃至銖兩人數年紀不謬一字於是咸信伏遂令出焉故肇法師作長阿含序云秦弘始十二年歲上章掩茂右將軍司隸校尉姚爽於長安中寺集名德沙門五百人請罽賓三藏佛陀耶舍出律藏四分四十卷十四年訖十五年歲昭陽奮若出長阿含涼州沙門佛念爲譯秦國道士道含筆受余以嘉運猥叅聽次雖無翼善之功而預親承之末略記時事以示來賢又答江東隱士劉遺民書末云法師於大寺出新至諸經法藏淵曠日有異聞禪師於瓦官寺教習禪道門徒數百夙夜

匪懈邑邑肅肅致可欣樂三藏法師於中寺出律本末精悉若覩初制毗婆沙於石羊寺出舍利佛阿毗曇梵本雖未及譯時問中事發言奇新貧道一生頂忝嘉會遇兹盛化自不覩釋迦祇洹之集餘復何恨而恨不得與道勝君子同斯法集耳故撮舉肇公書序以顯其證焉

婆麁富羅律四十卷

婆麁富羅者受持經典皆說有我不說空相猶如小兒故名爲婆麁富羅此一名僧祇律律後記云中天竺昔時暫有惡王御世三藏比丘及諸沙門皆遠避

四奔惡王既死善王更立還請沙門歸國供養時巴
連弗邑有五百僧欲斷事既無律師又闕律文莫知
承案卽遣使到祇洹精舍寫此律文衆共奉行其後
五部傳集諸律師執義不同各以相承爲是爭論紛
然于時阿育王言我今何以測其是非於是問僧佛
法斷事云何皆言法應從多王言若尒當行籌知何
衆多既而行籌婆麁富羅衆籌甚多以衆多故改名
摩訶僧祇摩訶僧祇者言大衆也沙門釋法顯遊西
域於摩竭提巴連弗邑阿育王塔天王精舍寫得梵
本賫還京都以晋義熙十二年歲次壽星十一月共

天竺禪師佛馱跋陀於道場寺譯出至十四年二月
末乃訖
彌沙塞律三十四卷
彌沙塞者佛諸弟子受持十二部經不作地相水火
風相虛空識相是故名爲彌沙塞部此名爲五分律
比丘釋法顯於師子國所得者也
法顯記云顯本求戒律而北天竺諸國皆師師口傳
無本可寫是以遠涉乃至中天竺於摩訶乘僧伽藍
得一部律是摩訶僧祇復得一部抄律可七千偈是
薩婆多衆律卽此秦地衆僧所行者也

又得雜阿毗曇心論可六千偈
又得一部綖經二千五百偈
又得一卷方等泥洹經可五十偈
又得摩訶僧祇阿毗曇法顯住三年學梵書梵語悉寫之於是還
又至師子國二年更求得彌沙塞律梵本法顯以晉義熙二年還都歲在壽星衆經多譯唯彌沙塞一部未及譯出而亡到宋景平元年七月有罽賓律師佛大什來至京都其年冬十一月瑯瑯王練比丘釋慧嚴竺道生於龍光寺請外國沙門佛大什出之時佛

大什手執梵文于闐沙門智勝爲譯至明年十二月
都訖

迦葉維律　未知卷數

迦葉維者一音迦葉毗佛諸弟子受持十二部經説無有我及以受者輕諸煩惱猶如死屍是故名爲迦葉毗此一部律不來梁地昔先師獻正遠適西域誓尋斯文勝心所感多值靈瑞而葱嶺險絶弗果兹典故知此律於梁土衆僧未有其緣也

右五部其四部至中夏凡一百有八十卷部
卷已入經錄最限

出三藏記集卷中第三

出三藏記集卷第四上

梁 釋僧祐 撰

新集續撰失譯雜經錄第一

祐總集衆經遍閱群錄新撰失譯猶多卷部聲實紛糅尤難銓品或一本數名或一名數本或妄加游字以辭繁致殊或撮半立題以文省成異至於書誤益惑亂甚棼絲故知必也正名於斯爲急矣是以讐校歷年因而後定其兩卷以上凡二十六部雖闕譯人悉是全典其一卷已還五百餘部率抄衆經全典蓋寡觀其所抄多出四含六度道地大集出曜賢愚及

譬喻生經竝割品截偈撮略取義強製名號仍成卷軸至有題目淺拙名與實乖雖欲啟學實蕪正典其爲愆謬良足深誡今悉標出本經注之目下抄略既分全部自顯使沿波討源還得本譯矣尋此錄失源多有入經詳其來也豈天墜而地涌哉將是漢魏時來歲久錄亡抑亦秦涼宣梵成文届止或晉宋近出忽而未講譯人之闕殆由斯歟尋大法運流世移六代撰注群錄獨見安公以此無源未足怪也夫十二部經應病成藥而傳法淪昧實可悵歎祐所以杼軸於尋訪崎嶇於纂錄也但陋學謏聞多所未周明哲

大士惠縫其闕言貴珙璧況法施哉
大方便報恩經七卷
雜譬喻經六卷或云諸雜譬喻經
佛本行經五卷
分别功德經五卷一名增一阿含經疏迦葉阿難造
梵本經四卷似是長安中出
大智度無極經四卷
道神足無極變化經四卷一名合道神足經
羅摩伽經三卷
大方廣如來性起微密藏經二卷或云如來性起經

輭首菩薩無上清淨分衛經二卷一名決了諸法如幻化三昧經

菩薩瓔珞本業經二卷或云菩薩瓔珞經

諸經菩薩名二卷

諸經佛名二卷

興起行經二卷

遺教三昧經二卷或云遺教三昧法律經

淨度三昧經二卷或云淨度經

未曾有因緣經二卷或云未曾有經

大乘方便經二卷

摩訶摩耶經二卷或云摩耶經

阿那含經二卷
蓋意經二卷
那先經二卷
舊譬喻經二卷
雜譬喻經二卷
大比丘威儀經二卷異出本此錄先作異出字誤作吳出今改正
觀無量壽佛經一卷
龍種尊國變化經一卷
過去香蓮華佛世界經一卷
過去無邊光淨佛土經一卷

東方善華世界佛座震動經一卷

無量樂佛土經一卷

佛說往古性和佛佛國願行法典經一卷抄

見水世界經一卷抄大集經

採華違王上佛授記妙華經一卷或云採花違王經

佛說陀羅尼法門六種動經一卷抄

佛入三昧一毛放大光明經一卷抄

佛謦欬徹十方經一卷抄方等大集經

佛見梵天頂經一卷抄

佛跡見千輻輪相經一卷抄

佛齋化出菩薩經一卷 抄

佛變時會身經一卷

佛心總持經一卷 與生經所出心總持經大同小異

佛以三事笑經一卷 抄六度集

佛見牧牛者示道經一卷

世尊繫念經一卷 抄阿含經

如來神力經一卷 抄雜阿含經

作佛形像經一卷 或云優填王作佛形像經或云作像因緣經

有稱十方佛名得多福經一卷 抄

三千佛名經一卷

千佛因緣經一卷

稱揚諸佛功德經一卷 抄稱揚佛功德經

過去五十三佛名經一卷 出藥王藥上觀亦出如來藏經

五十三佛名經一卷

三十五佛名經一卷 出決定毘尼經

八部佛名經一卷

十方佛名經一卷

賢劫千佛名經一卷 唯有佛名與曇無蘭所出四諦經千佛名異

稱揚百七十佛名經一卷 或云百七十佛名經

德內豐嚴王佛名經一卷 抄

南方佛名經一卷治城寺經

滅罪得福佛名經一卷

觀世音求十方佛各爲受記經一卷抄

觀世音所說行法經一卷是咒經

光世音經一卷出正法華經或云光世音普門品

觀世音經一卷出新法華

觀藥王藥上二菩薩經一卷或云藥王藥上二菩薩觀經或云藥王藥上觀經

請觀世音經一卷一名請觀世音菩薩消伏毒害陀羅尼咒經

文殊師利受記經一卷抄

文殊師利般涅槃經一卷

輭首童眞經一卷

彌勒菩薩本願待時成佛經一卷抄

彌勒下生經一卷異出本

彌勒爲女身經一卷

大光明菩薩百四十八願經一卷抄

無言菩薩流通法經一卷抄大集經

虛空藏菩薩問持經幾福經一卷抄

寂調音所問經一卷一名如來所說清淨調伏

大雲密藏菩薩問大海三昧經一卷抄方等大雲經

寶日光明菩薩問蓮華國相貌經一卷抄

功德寶光菩薩問護持經一卷 抄
師子步雷音菩薩問文殊成佛時經一卷 抄
師子步雷音菩薩問文殊師利發心經一卷 抄
自在王菩薩問如來警戒經一卷 抄
薩陀波崙菩薩求深般若圖像經一卷
無垢施菩薩分別應辯經一卷 即是異出離垢經
光昧菩薩造七寶梯經一卷 抄方等大集經
三曼陀颰陀羅菩薩經一卷
寂意菩薩問五濁經一卷
無言菩薩經一卷 抄方等大集經

儒童菩薩經一卷抄六度集或云儒童經

異出菩薩本起經一卷

菩薩十住行道品經一卷抄

菩薩十法住經一卷

菩薩十道地經一卷

大方廣菩薩十地經一卷與護公所出十地大同小異

菩薩緣身五十事經一卷與五十緣身行大同小異

菩薩三法經一卷抄

菩薩五法行經一卷抄

菩薩六法行經一卷抄

菩薩生地經一卷

菩薩所生地經一卷　菩薩戒自在經一卷抄

菩薩戒要義經一卷抄菩薩戒

菩薩戒經一卷異出本似抄

菩薩受戒法一卷異出

受菩薩戒次第十法一卷

菩薩戒獨受壇文一卷

菩薩初發心經一卷抄

菩薩求佛本業經一卷

菩薩莊嚴瓔珞經一卷抄

菩薩本願經一卷抄
菩薩本願行品經一卷抄
菩薩出要得無礙法門經一卷抄
菩薩導行經一卷抄
菩薩諸苦行經一卷抄
菩薩宿命經一卷
菩薩奉施詣塔作願念經一卷抄
菩薩如意神通經一卷抄
菩薩懺悔法一卷
菩薩懺悔法一卷異本

菩薩受齋經一卷

菩薩布施懺悔法一卷抄決定毗尼經

菩薩以明離鬼妻經一卷出六度集

菩薩求五眼法一卷或云五眼文

菩薩呵家過經一卷抄

菩薩呵睡眠經一卷抄

初發意菩薩行易行法一卷出十住論易行品

初發意菩薩常晝夜六時行五事經一卷

六菩薩名經一卷

迦葉赴佛泥洹經一卷或云佛般泥洹時迦葉赴佛經

迦葉責阿難雙度羅漢喻經一卷一名迦葉詰阿難經

佛往慰迦葉病經一卷

摩訶迦葉度貧母經一卷

大迦葉過尼乾子經一卷抄長阿含經

舍利弗問寶女經一卷抄

舍利弗歎寶女說不可思議經一卷

舍利弗等比丘得身作證經一卷

舍利弗般泥洹經一卷出生經

目連降龍經一卷或云降龍王經或云降龍經

目連弟布施望即報經一卷抄

阿難同學經一卷抄阿含經

阿難見水光瑞經一卷抄

阿難見妓樂啼哭無常經一卷抄阿含經

阿難問事佛吉凶經一卷或云阿難問事經

阿難惑經一卷抄人本欲生經

佛命阿難詣最勝長者經一卷抄

迦旃延無常經一卷出生經

阿那律思目連神力經一卷抄

阿那律七念章經一卷

請般特比丘經一卷

請賓頭盧法一卷
尊者薄拘羅經一卷抄中阿含經
婆拘盧答異學問經一卷抄
尊者瞿低迦獨一思惟經一卷抄阿含經
優陀夷坐樹下寂靜調伏經一卷抄阿含經
羅漢迦留陀夷經一卷
羅漢遇瓶沙王經一卷抄阿含經
央掘魔羅歸化經一卷抄
佛降央掘魔人民歡喜經一卷抄
央掘魔悔過法經一卷抄

帝釋施央掘魔法服經一卷抄

央掘鬐經一卷抄

央掘魔母因緣經一卷抄

羅旬踰經一卷

浮彌經一卷抄增阿含

和難釋經一卷出生經

和難經一卷出生經

難提釋經一卷

金師精舍尊者病經一卷抄

調達問佛顏色經一卷抄

調達教人爲惡經一卷抄六度集經
波利比丘謗梵行經一卷抄
阿梵和利比丘無常經一卷抄
摩訶比丘經一卷抄
瞻婆比丘經一卷抄
拘提比丘經一卷抄
聰明比丘經一卷抄
善唄比丘經一卷
深淺學比丘經一卷抄
大悲比丘本願經一卷抄

沙曷比丘功德經一卷舊錄云沙曷比丘經
差摩比丘聬重病經一卷抄雜阿含
坐禪比丘命過生天經一卷抄出曜經
分衛比丘經一卷出生經
比丘各言志經一卷出生經
比丘疾病經一卷出生經
比丘求證人經一卷
比丘於色厭離經一卷抄阿含經
比丘問佛何故捨世學道經一卷抄出曜經
比丘避女惡名欲自殺經一卷抄

比丘問佛多優婆塞命終經一卷抄中阿含經
佛爲比丘說三法經一卷抄
佛爲比丘說大力經一卷抄
佛爲比丘說極深險處經一卷抄
佛爲比丘說燒頭喻經一卷抄雜阿含經
佛爲諸比丘說莫思惟世間思惟經一卷
佛爲年少比丘說正事經一卷抄
佛看比丘病不受長者請經一卷抄出曜經
佛度旃陀羅兒經一卷
大力士出家得道經一卷一名力士跋陀經抄雜阿含經

獵師捨家學道經一卷 抄出曜經

長者子六過出家經一卷 抄出曜經

二老男女見佛出家得道經一卷 抄

泥洹後諸比丘經一卷 或云小般泥洹經或云泥洹後變記經或云泥洹後比丘世變經或云佛般泥洹後比丘世變經

外道出家經一卷 抄

出家緣經一卷

泥洹後千歲中變記一卷 或云千歲變經

眞僞沙門經一卷 或云眞僞經

竊爲沙門經一卷 抄

僧名數事行經一卷
淳陀沙彌經一卷
瞿曇彌經一卷抄
瞿曇彌記果經一卷抄
佛母般泥洹經一卷
比丘尼現變經一卷抄
母子作比丘僧比丘尼意亂經一卷一名學人意亂經出增一阿含
旃闍摩暴志謗佛經一卷出生經
優波離問佛經一卷
比丘諸禁律經一卷

沙彌十戒經一卷舊錄云沙彌戒

沙彌威儀一卷

沙彌尼戒一卷

比丘尼十戒經一卷

受十善戒經一卷

摩訶僧祇部比丘隨用要集法一卷或云摩訶僧祇律比丘要集

淸信士阿夷扇持經一卷出生經

釋種問優婆塞經一卷抄阿含經

優婆塞五法經一卷抄

賢者五福經一卷

賢者五戒經一卷
賢者威儀一卷或云賢者威儀法
優婆塞五戒經一卷
優婆塞威儀經一卷
弟子學有三輩經一卷或云三品弟子經
弟子死復生經一卷或云死已更生經
弟子爲耆域術慢戒經一卷
弟子過命經一卷出生經
弟子問事佛吉凶經一卷
梵王變身經一卷抄

梵天詣婆羅門講堂經一卷抄

帝釋禮三寶供養經一卷抄

天帝釋受戒經一卷抄

釋提桓因詣目連放光經一卷抄

帝釋慈心戰勝經一卷

天於阿修羅欲鬭戰經一卷抄長阿含經

諸天阿須倫鬭經一卷抄

比丘問佛釋提桓因因緣經一卷出雜阿含經

比丘浴遇天子放光經一卷抄

明星天子問慈經一卷抄方等大集

悉鞞棃天子詣佛説偈經一卷抄雜阿含經

歡樂過差天經一卷抄出曜經

三十三天園觀經一卷抄增一阿含經

四天王經一卷後有冗似後人所附

四天王案行世間經一卷

諸天經一卷舊録云諸天事經

天神禁寶經一卷抄義足經

諸天問如來警戒不可思議經一卷抄方等大集經

梵天策經一卷異出本

魔王變身經一卷抄

魔嬈亂經一卷 與魔王試目連大同小異

魔王入苦宅經一卷 抄方等大集經

魔作不淨色欲嬈亂經一卷 抄阿含經

魔化比丘經一卷 舊錄云魔比丘經

魔化年少諸佛說偈經一卷 抄雜阿含

魔女聞佛說法得男身經一卷 抄方等大集經

魔業經一卷 抄

太白魔王堅信經一卷 抄方等大集經

佛弟子化魔子頌偈經一卷 抄方等大集經

閑化魔經一卷 抄

過魔法界經一卷 抄方等大集經

佛問阿須倫大海有減經一卷抄阿含經
轉輪聖王七寶現世間經一卷抄
轉輪聖王七寶具足經一卷抄
轉輪聖王發心求淨土經一卷抄
淨飯王般泥洹經一卷
頂生王因緣經一卷舊錄云頂生王經
頂生王故事經一卷
頻毗婆王詣佛供養經一卷
阿闍世王問五逆經一卷抄
阿闍世王問瞋恨從何生經一卷抄

阿闍世王受決經一卷

韋提希子月夜問天人經一卷 抄

波斯匿王乘佛神力到寶坊經一卷 抄方等大集經

波斯匿王問何欲最樂經一卷 抄阿含經

波斯匿王詣佛有五威儀經一卷 抄阿含經

波斯匿王欲伐央掘魔羅經一卷 抄

波斯匿王太后崩塵土坌身經一卷 抄阿含經

波斯匿王祖母命終經一卷

波斯匿王女命過詣佛經一卷 抄阿含經

優塡王經一卷　琉璃王攻釋子經一卷

阿育王獲果報經一卷 抄雜阿含

阿育王於佛所生大敬信經一卷 抄雜阿含

阿育王供養道場樹經一卷 抄雜阿含

阿育王施半阿摩勒果經一卷 抄雜阿含

一切施王所行檀波羅蜜經一卷 或云行檀波羅蜜經

功德莊嚴王八萬四千歲請佛經一卷

鏡面王經一卷 出六度集

察微王經一卷 出六度集

摩天國王經一卷 出六度集

桀貪王經一卷 出六度集

揵陀王經一卷

薩羅王經一卷（抄或云薩羅國王經）

長壽王經一卷（抄出曜經非安公所載者）

阿質王經一卷

摩調王經一卷（異出）

惟樓王師子湩經一卷（或云惟樓師子湩譬喻經）

國王五人經一卷（出生經）

國王成就五法久在於世經一卷（抄阿含經）

國王厭世典經一卷（抄出曜經）

舍頭諫太子二十八宿經一卷（舊錄云舍頭諫經一名虎耳經）

太子刷護經一卷抄

五百王子作淨土願經一卷抄

調伏王子心經一卷抄方等大集經

阿那邠祁化七子經一卷抄阿含經

誨子經一卷

教子經一卷一名須達教子經舊錄云須達訓子經

福子經一卷

二童子見佛說偈供養經一卷

三幼童經一卷

佛問四童子經一卷抄

五百幼童經一卷 出生經
童子問佛乞食事經一卷 抄出曜經
童子善射術經一卷 抄出曜經
逝童子經一卷 與菩薩逝經大同小異
長壽童子病見世尊經一卷 抄
小兒聞法卽解經一卷
長者威施所問菩薩修行經一卷 或云菩薩修行經或云長者修行經
長者梨師達多兄弟二人詣世尊經一卷 抄中阿含
長者賢首經一卷
長者夜輸得非常觀經一卷 抄出曜經

長者命終生無熱天經一卷抄雜阿含

長者命終生兜率天經一卷抄雜阿含

長者詣佛說子婦不恭經一卷抄阿含經

長者子制經一卷

長者子懊惱三處經一卷或云三處惱經

長者命終無子付囑經一卷

獨富長者財物無付經一卷抄

慳貪長者經一卷抄與日難經大同

最勝長者受呪願經一卷

申越長者悔過供佛經一卷抄

棄惡長者問菩薩法經一卷抄
質多羅長者請比丘經一卷
佛爲拘羅長者說根熟經一卷抄
佛神力救長者子經一卷抄
樹提摩納發菩提心誓願經一卷抄
郁伽居士見佛說法醒悟經一卷抄阿含經
毗羅斯那居士五欲娛樂經一卷抄阿含經
十支居士八城人經一卷抄中阿含
離車不放逸經一卷抄
無畏離車白阿難經一卷抄中阿含

七老婆羅門請爲弟子經一卷
四吒婆羅門出家得道經一卷抄阿含經
婆羅門虛僞經一卷抄阿含經
婆羅門服白經一卷抄阿含經
婆羅門通達論經一卷
婆羅門解知衆術經一卷抄阿含經
婆羅門行經一卷抄阿含經
婆羅門問佛布施得福經一卷抄
婆羅門子命終愛念不離經一卷抄中阿含
婆羅門問世尊將來世有幾佛經一卷抄

婆羅門避死經一卷抄阿含經
豆遮婆羅門論議出家經一卷抄雜阿含
善德婆羅門求舍利經一卷
善德婆羅門問提婆達經一卷
佛化火與婆羅門出家經一卷抄雜阿含
不與婆羅門等爭訟經一卷抄
佛爲婆羅門說四法一卷抄
佛爲婆羅門說耕經一卷抄雜阿含
佛爲老婆羅門說偈經一卷抄雜阿含
佛爲黄竹園老婆羅門說學經一卷抄中阿含

佛爲頻頭婆羅門說像類經一卷 抄

佛爲年少婆羅門說知善不善經一卷 抄

佛爲憍慢婆羅門說偈經一卷 抄

佛爲事火婆羅門說悟道經一卷 抄阿含經

佛爲阿支羅迦葉說自他作苦經一卷 抄

佛爲調馬聚落主說法經一卷 抄阿含經

六師結誓經一卷 抄經

審裸形子經一卷 出生經

外道問佛鬬戰生天因緣經一卷 抄阿含經

外道問佛生歡喜天因緣經一卷 抄雜阿含

佛將比丘優婆乞人遊行遇外道說法經一卷抄

佛爲外道須深說離慾經一卷抄

外道誘質多長者經一卷

外道仙尼說度經一卷抄

仙人說阿修羅歸化經一卷抄阿含經

仙人撥劫經一卷出生經或云仙人撥劫喻

五仙人經一卷出生經

寶海梵志成就大悲經一卷抄

寶海梵志請如來經一卷抄

無害梵志執志經一卷

光華梵志經一卷出生經

梵志勸轉輪王發菩提經一卷抄

梵志問佛師經一卷

梵志問世間減損經一卷

梵志向佛說夢經一卷抄

梵志子死稻敗經一卷抄

梵志避死經一卷

梵志觀無常得解脫經一卷

梵志喪女經一卷

佛開解梵志阿颰經一卷抄阿含或云梵志阿颰經

降千梵志經一卷 抄阿含經

廋梵志經一卷 抄

梵志試火恩經一卷

梵志計水淨經一卷 抄阿含經

梵志經一卷

寶女問慧經一卷 抄四卷寶女所出經

寶女問三十二相經一卷 抄

寶施女經一卷 抄

柰女經一卷 抄中阿含

蓮華女經一卷

金色女經一卷異出本
不莊校女經一卷
七女本經一卷
前世諍女經一卷出生經
三摩竭經一卷與分恕檀王經大同小異
摩鄒女經一卷
摩鄧女經一卷抄與摩鄒女同
女人欲熾荒迷經一卷抄出曜經
貧女爲國王夫人經一卷
羅閱城人民請佛經一卷抄

釋家畢罪經一卷出生經

過去鳴鼓人經一卷抄雜阿含

過去彈琴人經一卷抄

殺身濟賈人經一卷出六度集

殺龍濟一國經一卷出六度集

墮珠海水中經一卷出生經

懈怠耕者經一卷舊錄云懈怠耕兒經

商人脫賊難經一卷抄

商人子作佛事經一卷抄長阿含

昔有二人相愛敬經一卷抄出曜經

善生子經一卷舊錄云善生子一名異出六向拜經

尸迦羅越六向拜經一卷與護公大六拜事同辞異

世間強盜布施經一卷抄增一阿含經

舍衛人喪子發狂經一卷抄阿含經

貧子得財發狂經一卷

乞兒發惡心經一卷抄

死師逃走經一卷抄出罷經

貧窮老公經一卷或云貧老經

老母經一卷

孤母喪子經一卷

負爲牛者經一卷出生經
子命過經一卷出生經
二儈士經一卷抄出瞿經
阿遬達經一卷
樹提伽經一卷
鞞摩肅經一卷抄中阿含
夫那羅經一卷
阿蘭那經一卷
那賴經一卷出生經
那先經一卷異出本

大意經一卷
釋摩男本經一卷
申日兜本經一卷
墮藍本經一卷或云墮藍本文別錄云是異出維藍
君臣經一卷出生經
夫婦經一卷抄生經
舅甥經一卷抄生經
越難經一卷
日難經一卷即是越難經後說事小異
鸚鵡經一卷抄中阿含

菩薩身爲鴿王經一卷出六度集
水牛王經一卷出生經
鹿王經一卷或云佛說昔爲鹿王經
兔王經一卷出生經
拘薩羅國烏王經一卷出生經
雀王經一卷出六度集
孔雀經一卷出生經
野雞經一卷
鷹鷂獵經一卷抄出增阿含經
羅婆鳥鷹所捉經一卷

鵄鳥事經一卷抄阿含經
河中草龜經一卷抄
大魚事經一卷抄
三魚失水經一卷
雪山無猴猨經一卷抄
暴象經一卷抄
赤紫鳥經一卷或云赤紫烏鵮經
蠱狐烏經一卷出生經
三種良馬經一卷
四種良馬經一卷抄阿含經

群牛千頭經一卷 抄
牧牛經一卷
犢子經一卷
驢駝經一卷 抄
⿰犭樂狗齧王經一卷 舊錄云⿰犭樂狗經
猘狗經一卷 與⿰犭樂狗同
度脫狗子經一卷 或云度狗子經
猴猻與婢戲致變經一卷
鼈獼猴經一卷 出生經
瞎鼈經一卷 抄

王后爲蜣蜋經一卷
居士物故爲婦鼻虫經一卷
蛇行法經一卷抄阿含經
鬼問目連經一卷
目連見衆生身毛如箭經一卷抄雜阿含
目連見大身衆生然鐵纏身經一卷抄雜阿含
見一衆生舉體糞穢塗身經一卷抄雜阿含
衆生頂有鐵磨盛火熾然經一卷抄雜阿含
佛爲訶到曠野鬼說法經一卷抄阿含經
鐵城泥犁經一卷

泥犁經一卷或云中阿含泥犁經
勤苦泥犁經一卷
十八泥犁經一卷抄
四泥犁經一卷
地獄經一卷
地獄衆生相害經一卷抄
地獄罪人衆苦事經一卷抄
佛爲比丘說大熱地獄經一卷抄
罪業報應教化地獄經一卷
摩訶乘精進度中罪報品一卷

十法成就惡業入地獄經一卷抄

比丘成就五法入地獄經一卷抄阿含經

調達入地獄經一卷抄中阿含或云調達入地獄事

調達生身入地獄經一卷抄出曜經

奪那祇全身入地獄經一卷抄

琉璃王生身入地獄經一卷抄

閻王五天使者經一卷舊錄云閻王五天使者經

福經一卷抄阿含經

數經一卷抄雜阿含

時經一卷或云時非時經

灌經一卷或云四月八日灌經
意經一卷
寤意經一卷抄
正意經一卷
惡意經一卷抄阿含經
罵意經一卷
擧鉢經一卷
息恚經一卷抄中阿含
忍辱經一卷
福行經一卷抄阿含經

福報經一卷
法觀經一卷
身觀經一卷
多聞經一卷抄
受持經一卷抄阿含經
伏婬經一卷抄阿含經
離睡經一卷抄
應法經一卷抄
樂想經一卷
尊上經一卷

醫王經一卷 抄阿含經

危脆經一卷

柔輭經一卷

梵網經一卷 與護公錄所出梵網六十二見大同小異

名稱經一卷 抄

處處經一卷

閑居經一卷 出生經

何苦經一卷 抄

無懼經一卷 抄

貧窮經一卷 抄阿含經

求欲經一卷 抄阿含經
分別經一卷 抄
衰利經一卷
犯罪經一卷
慢法經一卷 抄
邪見經一卷
放逸經一卷 抄
無常經一卷 抄
惡道經一卷 抄阿含經
積骨經一卷

苦陰經一卷
法社經一卷
灌蠟經一卷或云般泥洹後四輩灌蠟經
受歲經一卷抄阿含經
竅具經一卷出生經
腹使經一卷出生經
曉食經一卷抄修行道地曉了食品經
普施經一卷抄阿含經
持齋經一卷
盂蘭經一卷

雜讃經一卷出生經

甘露道經一卷抄出曜經

海八德經一卷

恒水戒經一卷舊錄云恒水經

寂志果經一卷

不壞淨經一卷抄雜阿含

具善根經一卷抄

法施勝經一卷

人弘法經一卷抄大雲經

壽命促經一卷抄雜阿含

色無常經一卷 抄阿含

戒消災經一卷 舊錄云戒消伏

戒相應經一卷 抄或云戒相應法

護口意經一卷

修行慈經一卷 抄

法滅盡經一卷

未曾有經一卷 異出本

不淨觀經一卷 抄長阿含

心本淨經一卷 抄文殊普超三昧經

無母子經一卷 抄

無吾我經一卷抄

大枯樹經一卷與安公錄枯樹經大同小異

水上泡經一卷

諸漏盡經一卷或云諸盡經抄雜阿含經

是我所經一卷出生經

阿耨風經一卷抄阿含經

出曜華經一卷抄出曜經

華嚴淨經一卷

華嚴瓔珞經一卷

觀世樓炭經一卷有三品

波若得經一卷
惟日雜難經一卷
處中行道經一卷 抄雜阿含
勸行有證經一卷 抄雜阿含
修行勸意經一卷 抄中阿含
多增道章經一卷 舊録云多增道經一名異出十報法
內身觀章經一卷
忠心政行經一卷 出六度集經或云忠心經舊録有大忠心經小忠心經
堅心正意經一卷 或云堅意經
罪業報應經一卷

分明罪福經一卷

捨諸世務經一卷抄

摩訶刹頭經一卷與灌經同後事小異

天地成敗經一卷是抄衆經

救護身命經一卷

清淨法行經一卷

金剛清淨經一卷或云金剛三昧本性清淨不壞不滅經

眼色相繫經一卷抄

禪思滿足經一卷抄阿含經

修集士行經一卷抄

承事勝已經一卷
往古造行經一卷
無始本際經一卷
大慈無減經一卷
慈仁不殺經一卷
淨除業障經一卷抄淨業障大本
栴檀塗塔經一卷
求欲說法經一卷
少多制戒經一卷
異信異欲經一卷抄

相應相可經一卷

商人求財經一卷抄　比丘世利經一卷

恒水流澍經一卷抄　信能渡河經一卷抄

出三藏記集卷第四上

卷第四下

積木燒然經一卷與枯樹經大同小異

業喻多少經一卷抄

前世三轉經一卷

除恐怖品經一卷抄修行道地經

艮時難遇經一卷抄

說法難值經一卷
向耶違法經一卷抄
邪業自活經一卷出生經
衆生身穢經一卷
苦陰因事經一卷抄中阿含
求離牢獄經一卷抄
阿含正行經一卷
增一阿含經一卷抄增一阿含經
摩訶乘寶嚴經一卷
十住毗婆沙經一卷抄十住論

不退轉法輪經一卷

一音辯正法經一卷抄

精勤四念處經一卷抄

調伏衆生業經一卷抄

無病第一利經一卷抄出曜經

父母恩難報經一卷抄中阿含

多倒見衆生經一卷抄

世間言美色經一卷抄

形疾三品風經一卷抄思惟畧要法

人受身入陰經一卷抄修行道地經

所壽樹復生經一卷抄出曜經

一切行不恒安經一卷抄阿含經

人身四百四病經一卷抄

人身八十種虫經一卷抄修行道地經

人病醫不能治經一卷抄修行道地經

祭亡人不得食經一卷抄

分别善惡所起經一卷

犯戒罪報輕重經一卷

大乘方等要慧經一卷或云方等慧經 或云要慧經

佛遺日摩尼寶經一卷

無崖際持法門經一卷或云無崖際經

仁王護國般若波羅蜜經一卷

阿難陀目佉尼呵離陀經一卷

樂瓔珞莊嚴方便經一卷一名轉女身菩薩經沙門法海譯或云樂瓔珞莊嚴女經

過去行檀波羅蜜經一卷抄

本行六波羅蜜經一卷

當來選擇諸惡世界經一卷

四大色身生厭離經一卷

有衆生三世作惡經一卷抄

信人者生五種患經一卷 抄

以金貢太山贖罪經一卷

人民疾疫受三歸經一卷 抄阿含經

受持佛名不墮惡道經一卷

第一四門經一卷 出大十二門經

第二四門經一卷

第三四門經一卷 第三四門即名甘露道律經檢雜目錄或有不稱第三四門而直云甘露道律經者

佛入甘露調意經一卷 從第一四門至甘露調意凡四品品並是大十二門經一部後人逐品寫出遂分成四經生經一部亦如此

楞伽阿跋多羅寶一切佛語斷食肉章經一卷（抄大楞伽經所出或云楞伽抄經）
三劫經一卷（抄長阿含）
三小劫經一卷
三毒經一卷（抄）
三慧經一卷（抄）
三行經一卷（抄阿含經）
三因緣經一卷（抄）
三時過經一卷（抄雜阿含）
四自在神通經一卷（抄）

四品學法經一卷抄
四食經一卷抄
四未曾有法經一卷抄阿含經
四種人經一卷抄
四人出現世間經一卷抄阿含
五戰鬭人經一卷抄阿含
五陰成敗經一卷抄修行道地經
五道輪轉罪福報應經一卷
六齋八戒經一卷
七寶經一卷

七處三觀經一卷異出雜阿含抄

八光經一卷抄

八陽經一卷

八關齋經一卷異出

九傷經一卷

十報三統略經一卷異出

十二因緣章經一卷舊錄云十二因緣經

十一思惟念如來經一卷抄阿含或云十想思念如來經

十二遊經一卷舊錄云十二由經

十二遊經一卷異本文大同小異

十二頭陀經一卷

沙門爲十二頭陀經一卷

十二品生死經一卷

十八不共法經一卷 出寶女經

三十二相因緣經一卷 與安公失源所出三十二相大同小異

慈仁問八十種好經一卷 與安公失源所出八十種好大同小異

三十七品經一卷

寶積三昧文殊師利菩薩問法身經一卷 或云遺日寶積三昧文殊師利問法身經

空淨大感應三昧經一卷 舊錄云空淨三昧經

自誓三昧經一卷 內題云獨證品第四出比丘淨行中與護公所出獨證自誓三昧大同小異

佛印三昧經一卷

法華三昧經一卷

月燈三昧經一卷

定意三昧經一卷

般舟三昧念佛章經一卷

四百三昧名經一卷 抄

庾伽三磨斯經一卷 譯言修行畧一名達磨多羅禪法或云達磨多羅菩薩撰禪經要集

禪定方便次第法經一卷

禪要呵欲經一卷

禪祕要經一卷抄禪要祕密治病經所出

治禪鬼魅不安經一卷抄禪要祕密治病經所出

阿練若習禪法經一卷即是抄菩薩禪法第一卷

禪法一卷

說數息事經一卷

恒河譬經一卷抄

須河譬喻經一卷

須河譬經一卷與前須河譬大同小異

灰河經一卷
塵土灰河譬喻經一卷與前灰河小異
水喻經一卷抄阿含經
鑄金喻經一卷抄
浮木譬喻經一卷
田夫喻經一卷抄阿含經
嬰兒譬喻經一卷抄阿含經
群牛譬經一卷抄阿含經
羊群喻經一卷抄
大蛇譬喻經一卷舊錄云大蛇經

飛鳥喻經一卷抄阿含經
鼈喻經一卷抄六度集
馬喻經一卷抄
箭喻經一卷抄阿含經
木杵喻經一卷抄阿含經
毒喻經一卷出生經
毒草喻經一卷出生經或云毒草經
毒悔喻經一卷出生經
調達喻經一卷
爪甲擎土譬經一卷舊錄云爪甲取土經

譬喻六人經一卷　抄罵意經

譬喻經一卷

譬喻經一卷　異出

法句譬喻經一卷　凡十七事或云法句譬經

雜譬喻經一卷　凡十一事安法師載竺法護經內有譬喻經三百首二十五卷混無名目難可分別今新撰所得並列名定卷以曉覽者尋此衆本多出大經雖時安譯名然護公所出或在其中矣

菴音偈本一卷

陀羅尼偈一卷　抄

阿彌陀佛偈一卷

後出阿彌陀佛偈一卷

七佛各說偈一卷

讚七佛偈一卷

深自知身偈一卷 舊錄云自知偈

禪經偈一卷 抄禪經中偈

恒恕尼百句一卷

五言詠頌本起一卷 百十四二首

道行品諸經梵音解一卷

灌頂七萬二千神王護比丘呪經一卷

灌頂十二萬神王護比丘尼呪經一卷

灌頂三歸五戒帶佩護身呪經一卷

灌頂百結神王護身呪經一卷

灌頂宮宅神王守鎮左右呪經一卷

灌頂塚墓因緣四方神呪經一卷

灌頂伏魔封印大神呪經一卷

灌頂摩尼羅亶大神呪經一卷

灌頂召五方龍王攝疫毒神呪經一卷

灌頂梵天神策經一卷

灌頂普廣經一卷本名普廣菩薩經或名灌頂隨願往生十方淨土經凡十一經從七萬二千神王呪至召五方龍王呪凡九經是舊集灌頂總名大灌頂經從梵天

神策及普廣經拔除過罪經凡三卷是後人所集足大灌頂爲十二卷其拔除過罪經一卷已摘入疑經錄中故不兩載

摩訶般若波羅蜜神呪一卷

般若波羅蜜神呪一卷異本

七佛所結麻油述呪一卷

七佛所結麻油述呪一卷異本

七佛神呪一卷

七佛神呪一卷結縷者異本

大神母結誓呪一卷

大神將軍呪一卷

八吉祥神咒一卷古錄八吉祥經
陀隣鉢經一卷
陀羅尼句經一卷
華積陀羅尼神咒一卷
持句神咒一卷
六神名神咒一卷
幻師阿夷鄒咒一卷
伊洹法願神咒一卷
幻師陂陀神咒一卷
醫王惟樓延神咒一卷或云阿難所問醫王惟樓延神咒

幻師颰陀神咒一卷古錄幻士颰陀經

解日厄神咒一卷

摩尼羅亶神咒一卷

檀特羅麻油述神咒一卷

麻油述神咒一卷

羅亶神咒案摩經一卷

咒水經一卷

𠾏水經一卷

龍王咒水浴經一卷

龍王結願五龍神咒一卷

五龍咒毒經一卷

十八龍王神咒經一卷

咒請雨咒止雨經一卷

取血氣神咒一卷舊錄云血咒

藥咒一卷

咒毒一卷

咒時氣一卷

咒小兒一卷

咒齲齒一卷或云咒虫齒或云咒齒

咒齲齒異本

呪牙痛

呪牙痛本異

呪眼痛

呪眼痛本異

呪賊一卷或云辟除賊害呪

呪賊本異

卒逢賊結帶呪

七佛安宅神呪一卷

安宅呪一卷

三歸五戒神王名一卷安法師所載竺法護經自有神呪三卷既無名題莫測同

畀今新集所得並列名條卷雖未詳譯人而護所出咒必在其中矣

右八百四十六部凡八百九十五卷新集所

得今並有其本悉在經藏

條新撰目錄闕經未見經文者如左

雜譬喻經八十卷舊錄所載

雜數經二十卷舊錄所載

出要經二十卷

阿惟越致轉經十八卷舊錄所載

摩訶乘經十四卷改字訓日乘

蜀普耀經八卷舊錄所載似蜀士所出

行道經七卷
正法華三昧經六卷疑卽是正法華經之別名
摩訶乘優波提經五卷
三昧王經五卷
梵王請問經五卷
不退轉輪經四卷
佛從兜率降中陰經四卷出王宗經目
四天王經四卷疑一部四本
魔王請問經四卷
那先譬喻經四卷舊錄所載

度無極譬經三卷
長阿含經三卷疑是殘缺長阿含經
大梵天王請轉法輪經三卷
釋提桓因所問經三卷
法華光瑞菩薩現壽經三卷
普賢菩薩答難二千經三卷
濡首菩薩經二卷疑卽是濡首菩薩分衛經
太子試藝本起經二卷
小本起經二卷舊錄所載
不思議功德經二卷或云功德經

蜀首楞嚴經二卷出舊錄所載似蜀土所出

後出首楞嚴經二卷舊錄所載云有十偈

梵天王請佛千首經二卷又大梵天王經二卷似此

深斷連經二卷

甘露味阿毗曇二卷或云甘露味經二卷

弘道經二卷

乳王如來經一卷或云乳王經

瞻波國佛說戒經一卷

佛在誓拔山說法經一卷

佛三毒事經一卷

佛七事經一卷
佛開和伏經一卷
佛意行經一卷
佛醫王經一卷
因佛生三心經一卷
佛聚經一卷
如來智印經一卷先闕
七佛本緣經一卷
七佛父母姓字經一卷舊錄云七佛姓字經
釋迦文枝鉢經一卷

佛袈裟經一卷
佛鉢經一卷
佛大衣經一卷
佛本記一卷舊錄所載
賢劫五百佛名經一卷
現在十方佛名經一卷
過去諸佛名經一卷
千五百佛名經一卷
三千佛名經一卷
五千七百佛名經一卷

觀世音成佛經一卷
文殊因緣經一卷
文殊本願經一卷
文殊觀經一卷
彌勒受決經一卷
彌勒作佛時經一卷
彌勒難經一卷
彌勒須河經一卷
導師問佛經一卷
颰陀菩薩百二十難經一卷

賢首菩薩二百問經一卷
持身菩薩經一卷或云持身經
金剛女菩薩經一卷
善意菩薩經一卷
阿惟越致菩薩戒經一卷舊録云阿惟越致戒經
菩薩從兜率天降中陰經一卷
菩薩行喜經一卷
菩薩淨本業經一卷
菩薩初業經一卷
菩薩四事經一卷

菩薩十六願經一卷
菩薩五十德行經一卷
菩薩教法經一卷
菩薩正行經一卷
菩薩出入諸則經一卷
菩薩內誡經一卷
菩薩常行經一卷舊錄所載
菩薩母姓字經一卷
菩薩家姓經一卷
菩薩比丘經一卷

菩薩經一卷
迦葉解經一卷
迦葉因緣經一卷
舍利弗問署經一卷
迦葉獨證自誓經一卷舊錄所載
舍利弗歎度女人經一卷
舍利弗生西方經一卷
舍利弗目連泥洹經一卷
摩訶目揵連與佛捔能經一卷舊錄所載
目連所問經一卷

目連因緣經一卷

阿難得道經一卷舊錄所載

阿難般泥洹經一卷舊錄所載

阿難現變經一卷

難陀經一卷

阿那律念復生經一卷舊錄所載

滿願子經一卷

阿那含七念經一卷

羅漢菩子經一卷

賓頭盧取鉢經一卷

鳩摩迦葉經一卷
童迦葉經一卷出長阿含或云童迦葉解難
愛行比丘經一卷
愛身比丘經一卷
加丁比丘經一卷
栴比丘經一卷
善星比丘經一卷
六群比丘經一卷
自在王比丘經一卷
羅耶達比丘經一卷

比丘和須蜜經一卷
比丘法相經一卷
佛爲比丘說二事經一卷
玄戒未來比丘經一卷
沙門分衛見怪異經一卷舊錄所載
釋種子經一卷
蓮華色比丘尼經一卷
人詐名爲道經一卷舊錄所載
尊者婆蹉律經一卷
恒水不說戒經一卷

波羅提木叉一卷

大沙門羯磨一卷

大戒經一卷舊録所載

五部威儀所服經一卷或云五部僧服經

衣服制一卷舊録所載

結界文經一卷

八歲沙彌降外道經一卷抄出曜舊録云八歲沙彌折外異學經

八歲沙彌開解國王經一卷

厠實二沙彌經一卷

沙彌離戒一卷

沙彌離威儀一卷舊錄所載
沙彌持戒經一卷
海洲優婆塞會經一卷
優婆夷墮舍經一卷
在家菩薩戒經一卷
在家律儀經一卷
賢者雜事經一卷
弟子本行經一卷舊錄所載
弟子修學經一卷
弟子行澤中遇賊劫經一卷

弟子精進經一卷
道本五戒經一卷舊錄所載
迦提羅越問五戒經一卷
威儀經一卷舊錄所載
那羅延天子經一卷
毗沙門王經一卷
大四天王經一卷
二十八天經一卷
爲壽盡天子説法經一卷舊錄云命盡天子經
諸天壽經一卷

魔現成佛經一卷 或云弊魔經

魔試佛經一卷 舊錄所載

魔試目連經一卷 或云弊魔試摩目連經

魔王試經一卷

阿須倫問八事經一卷 舊錄云阿須倫所問八事

淨飯王經一卷

佛葬閱頭檀王經一卷

阿育王作小兒時經一卷

小阿育王經一卷

優填王照逝心女經一卷

迦夷王頭布施經一卷
果尊王經一卷
佛居王經一卷
降恐王經一卷
摩羅王經一卷
遮羅王經一卷出六度集
摩竭王經一卷舊錄云摩竭國王經
和墨王經一卷出六度集
薩波達王經一卷舊錄所載
摩登王經一卷

尸呵遍王經一卷舊錄云尼呵遍王經

舍夷國經一卷

乹夷王經一卷出六度集

羅提坻王經一卷或作國王羅提埤經

摩訶惟越王經一卷

菩和達王經一卷

難國王經一卷

年少王經一卷舊錄所載

流沙王經一卷

十四王經一卷

王以竹施經一卷

勸王持五戒經一卷

太子法慧經一卷舊錄云太子法慧

太子法施經一卷出六度集

太子旃舍羅差經一卷

是光太子經一卷舊錄所載

長者威德經一卷

長者法心經一卷

長者難提經一卷舊錄所載

長者仁賢經一卷

長者洹羅越經一卷
長者子誓經一卷舊錄所載
佛問淳陀長者受樂淨行經一卷
五百婆羅門問有無經一卷舊錄所載
婆羅門問事經一卷
婆羅門等爭說經一卷
六師詣波斯匿王經一卷
尼犍齋經一卷
仙歎經一卷出六度集
光味仙人覩佛身經一卷抄方等大集

明星梵志經一卷

摩竭梵志經一卷出義足

鰔辭梵志經一卷出義足

猛觀梵志經一卷出義足

法觀梵志經一卷出義足

兜率梵志經一卷

兜勒梵志經一卷

梵志拔陀經一卷

梵志計火淨經一卷

梵志問疑經一卷

梵志意經一卷

梵志好母經一卷

梵志姪女經一卷

梵志六師經一卷

天后賢女經一卷

德女問經一卷

女利行經一卷舊錄所載

貧女少施獲弘報經一卷

貧女聽經蛇齧命終經一卷右錄貧女聽經蛇齧命終生天經

國王癡夫人經一卷舊錄所載

彌家女經一卷
四婦因緣經一卷舊錄所載
鍾磬貧乏經一卷抄出曜經
淫人曳踵行經一卷舊錄所載
二人作沙門弟斷兄舌經一卷
氣噓殺旃陀羅經一卷
眼能視殺人經一卷
孤獨三兄弟經一卷
老少俱死經一卷
阿斂他經一卷

須多羅經一卷 舊錄云須多羅入胎經

羼提和經一卷 出六度集

須陀利經一卷

不蘭伽經一卷

小申日經一卷

波羅柰婢四姓經一卷

大姓家主叩書不經一卷

提謂經一卷

強羅經一卷

隨迦經一卷 舊錄所載云晉言賢強

金轉龍工經一卷

盤達龍王經一卷舊錄所載

蘇曷龍王經一卷

三龍王經一卷

菩薩作六牙象本事經一卷

菩薩作龜本事經一卷出六度集

菩薩師子王經一卷

菩薩爲魚王經一卷出六度集

象王經一卷出生經

虎王經一卷

鼈王經一卷或云菩薩曾爲鼈王經
蠍王經一卷
毒龍蛇施經一卷
養牛經一卷
放牛法經一卷
牛米自供養一卷舊錄云牛米自拱經
行放食牛經一卷舊錄所載
隨釋迦牧牛經一卷舊錄所載
餓鬼經一卷
鐵杵泥犁經一卷

閻羅王經一卷
緣經一卷
藥經一卷
苦慧經一卷
慧達經一卷
法足經一卷
身數經一卷
選福經一卷
布施經一卷
助善經一卷

孝順經一卷
古來經一卷
度世經一卷
緣本經一卷
法藏經一卷
明住經一卷
善慇經一卷
植質經一卷
名相經一卷
恠異經一卷

滅慳經一卷

本鉢經一卷

安鉢經一卷

諸法經一卷

雜讚經一卷

法嚴經一卷舊錄所載疑即是等入法嚴

漸備經一卷疑是漸備之一卷

譬四經一卷舊錄所載

興脫經一卷

伏願經一卷

寶見經一卷
眞提經一卷
明義經一卷
見在經一卷
雜事經一卷
釋學經一卷
釋論一卷疑是大智論抄之一卷
旨解經一卷疑即義旨雜解
賣智慧經一卷舊錄所載
初受道經一卷舊錄所載

度道俗經一卷

學經福經一卷舊錄所載

諸福德經一卷

說人身經一卷

施色力經一卷

色入施經一卷

戒法律經一卷

止寺中經一卷舊錄所載

未生火經一卷

未生災經一卷

成敗品一卷（經目或云成敗品第四似是樓炭經之一品）

念佛品經一卷

須彌山經一卷

閻浮利經一卷

世間珍寶經一卷（舊錄云世間所望珍寶經）

無端底持經一卷（舊錄云無端底總持經）

安般行道經一卷（舊錄所載）

現道神足經一卷

成行無想經一卷

解慧微妙經一卷（舊錄所載）

失道得道經一卷舊錄所載
心墮心識經一卷舊錄所載云有注
檢意向正經一卷舊錄所載
悔過除罪經一卷
道德果證經一卷舊錄所載
深自僥倖經一卷
布施持戒經一卷
禮敬諸塔經一卷
浴像功德經一卷
浴僧功德經一卷

生西方齋經一卷

造浴室法經一卷

父子因緣經一卷舊錄所載

螢火六度經一卷舊錄有明度經一卷云一名螢火明度經

有疑往解經一卷

雜阿含經一卷舊錄所載

長阿含方法經一卷

六足阿毗曇經一卷

小觀世樓炭經一卷舊錄所載

陀隣尼目佉經一卷

布施度無極經一卷疑是六度集之一卷
內禪波羅蜜經一卷舊錄所載
令人孝有德經一卷
甚深大迴向經一卷
人於出家者經一卷
心應深貪慕經一卷
地水火風空經一卷
求欲者除意經一卷
持戒教人殺生經一卷
七月十五日臘法經一卷

功高憍慢有二輩經一卷
歡喜布施有五事經一卷
木槍刺脚因緣經一卷出興起行經
三夢經一卷
三悔處經一卷
三乘無當經一卷
四署經一卷
四輩經一卷舊録云四輩弟子經或云四輩學經
四等意經一卷
四意止本經一卷

四正斷經一卷
大四諦經一卷舊錄所載
四厚經一卷
五署經一卷
五穀世經一卷
五方便經一卷舊錄所載
五戒報應經一卷
五惟越羅名解說經一卷舊錄所載
五亂經一卷
五耶經一卷

五陰經一卷舊錄所載
中五濁世經一卷舊錄所載
六波羅蜜經一卷舊錄所載
六衰事經一卷
六禪經一卷
六度六十行經一卷
六輩阿惟越致經一卷
七衆經一卷
七流經一卷
七使經一卷

七輩人橫死經一卷
大七車經一卷舊錄所載
七歲作善經一卷
八正八邪經一卷舊錄所載
八方萬物無常經一卷
八總持經一卷舊錄所載
八輩經一卷舊錄所載
八雙經一卷
八部僧行名經一卷舊錄所載
九結經一卷

九惱經一卷

九道觀身經一卷

十部僧經一卷

十二意經一卷

十二阿練若高行經一卷

十二部經名一卷

大十二因緣經一卷舊錄所載

十八難經一卷舊錄所載

三十二僧那經一卷

三十四意經一卷

五十德相經一卷
五十二章經一卷舊錄所載別有孝明四十二章
六十品經一卷
六十二疑經一卷
七十二觀身經一卷
百法經一卷
百八愛經一卷舊錄所載似抄五蓋疑結經
二百五十戒經一卷諸錄並云有六種異出
惟日三昧經一卷
逮慧三昧經一卷舊錄所載一名文殊師利問菩薩十事行經

月電三昧經一卷
無言三昧經一卷
小安般舟三昧經一卷舊錄所載
阿和三昧經一卷
禪行斂意經一卷舊錄云禪行極意經
禪數經一卷舊錄所載
禪行法經一卷
須彌山譬經一卷
日月譬經一卷
海水譬經一卷

藥草喻經一卷
功德天譬經一卷
賢劫譬經一卷
金剛譬經一卷
寶藏譬經一卷
明珠譬經一卷
聚木譬經一卷
四大譬經一卷
化譬經一卷舊錄云化喻經
般若波羅密偈一卷

佛清淨偈一卷

太子出國二十偈一卷

佛十力偈一卷

群生偈一卷舊錄所載

十方佛神咒一卷

大總持神咒一卷舊錄云總持咒

四天王神咒一卷

護諸比丘咒一卷出生經

十二因緣結縷神咒一卷

摩訶神咒一卷

移山神咒一卷
降魔神咒一卷
和摩結神咒一卷
威德陀羅神咒一卷
異出般舟三昧經一卷
異出寶藏經一卷
異出普門經一卷目錄云向一萬言
異出義足二卷
異出四諦經一卷
異出菩薩本經一卷

異出逝童子經一卷
異出孫陁耶致經一卷
異出十善惡經一卷
異出九傷經一卷
異出了本經一卷
右合四百六十部凡六百七十五卷詳校群錄名數已定並未見其本今闕此經右二都件凡一千三百六部合一千五百七十卷其已寫前件八百四十六部八百九十五卷在藏未寫四百六十部六百七十五卷今闕

出三藏記集卷第四下

出三藏記集卷第五

梁　釋　僧　祐　撰

新集抄經錄第一

抄經者蓋撮舉義要也昔安世高抄出修行爲大道

地經良以廣譯爲難故省文略說及支謙出經亦有孛抄此並約寫梵本非割斷成經也而後人弗思肆意抄撮或棊散衆品或苂部正文既使聖言離本復令學者逐末竟陵文宣王慧見明深亦不能免若相競不已則歲代彌繁蕪黷法寶不其惜歟名部一成難用刊削其安公時抄悉附本錄新集所獲撰目如左庶誡來葉無效尤焉

抄華嚴經十四卷

抄方等大集十二卷

抄菩薩地經十二卷

抄法句譬經三十八卷
抄阿差末經四卷
抄淨度三昧經四卷
抄摩訶摩耶經三卷
抄胎經三卷
抄央掘魔羅經二卷
抄報恩經二卷少上卷
抄頭陀二卷抄律中事
抄義足經二卷
抄法華藥王品一卷

抄維摩詰所說佛國品一卷
抄維摩詰方便品一卷
抄維摩詰問疾品一卷
抄安般守意經一卷
抄菩薩本業經一卷
抄菩薩本業願行品一卷
抄四諦經要數一卷
抄法律三昧經一卷
抄照明三昧不思議事經一卷
抄諸佛要集經一卷

抄大乘方等要慧經一卷
抄普賢觀懺悔法一卷
抄樂瓔珞莊嚴方便經一卷
抄未曾有因緣經一卷
抄阿毗曇五法行經一卷
抄諸法無行經一卷
抄無爲道經一卷
抄分別經一卷
抄德光太子經一卷
抄魔化比丘經一卷

抄優婆塞受戒品一卷

抄優婆塞受戒法一卷

抄貧女爲國王夫人經一卷從華嚴經至貧女爲國王夫人凡三十六部並齊竟陵文宣王所抄凡抄字在經題上者皆文宣所抄也

般若經問論集二十卷即大智論抄或云要論或云略論或云釋論

右一部凡二十卷廬山沙門釋慧遠以論文繁積學者難究故略要抄出

抄成實論九卷齊武帝永明七年十二月竟陵文宣王請定林上寺釋僧柔小莊嚴寺釋慧次等於普弘寺共抄出

淨度三昧抄一卷

律經雜抄一卷

本起抄經一卷

睒抄經一卷舊錄所載

五百梵律經抄一卷舊錄所載

大海深嶮抄經一卷上六抄經是舊抄今並闕本

抄爲法捨身經六卷抄字在上似是文宣王所抄今闕此經

法苑經一百八十九卷此一經近世抄集並撮撰羣經以類相從雖立號法苑經終入抄數今闕此經

右抄經四十六部凡三百五十二卷其三十八部一百五十一卷並有經其八部二百一

卷今闕

新集安公疑經錄第二　安法師造

外國僧法學皆跪而口受同師所受若十二十轉以授後學若有一字異者共相推校得便擯之僧法無縱也經至晉土其年未遠而喜事者以沙標金斌斌如也而無括正何以別眞僞乎農者禾草俱存后稷爲之歎息金匱玉石同緘卞和爲之懷耻安敢預學次見涇渭雜流龍蛇竝進豈不耻之今列意謂非佛經者如左以示將來學士共知鄙倍焉

寶如來經二卷　南海胡作或云寶如來三昧經

定行三昧經一卷 或云佛遺定行摩目揵所問經

眞諦比丘慧明經一卷 或云慧明比丘經或云淸淨眞諦經

尼吒國王經一卷 或云尼吒黄羅國王經或云黄羅國王經

胸有萬字經一卷 或云胷現萬字經

薩和菩經一卷 舊錄云國王薩和菩經

善信女經二卷 或云善信經

護身十二妙經一卷 一名度世護世經

度護經一卷 或云度護法經

毗羅三昧經二卷

善王皇帝經二卷 或云善王皇帝功德尊經或爲一卷

唯務三昧經一卷或作唯無三昧

阿羅呵公經一卷或云相國阿羅呵公經

慧定普遍神通菩薩經一卷舊錄云慧定普遍國王神通菩薩經

陰馬藏經一卷或云陰馬藏光明經

大阿育王經一卷云佛在波羅㮈者

四事解脫經一卷或云四事解脫度人經

大阿那律經一卷非八念者闕

貧女人經一卷名難陀者舊錄云貧女難陀經闕

鑄金像經一卷

四身經一卷闕

普慧三昧經一卷 闕

阿秋那經一卷 舊錄云阿秋那三昧經闕

雨部獨證經一卷 闕

法本齋經一卷 西涼州來闕

覓歷所傳大比丘尼戒經一卷

右二十六部凡三十卷

新集疑經僞撰雜錄第三

長阿含經云佛將涅槃爲比丘說四大教法若聞法律當於諸經推其虛實與法相違則非佛說又大涅槃經云我滅度後諸比丘輩抄造經典令法淡薄種

智所照驗於今矣自像運澆季浮競者多或憑眞以
構僞或飾虛以亂實昔安法師摘出僞經二十六部
又指慧達道人以爲深戒古既有之今亦宜然矣祐
校閱群經廣集同異約以經律頗見所疑夫眞經體
趣融然深遠假託之文辭意淺雜玉石朱紫無所逃
形也今區別所疑注之於錄并近世妄撰亦標于末
竝依倚雜經而自製名題進不聞遠適外域退不見
承譯西賓我聞與於戶牖印可出於胸懷誑誤後學
良足寒心既躬所見聞寧敢默已嗚呼來葉愼而察
焉

比丘應供法行經一卷此經前題云羅什出祐案經卷舊無譯名兼羅什所出又無此經故入疑錄

居士請僧福田經一卷此經前題云曇無讖出案讖所出無此經故入疑錄

灌頂度星招魂斷絕復連經二卷

決定罪福經一卷

無爲道經二卷

情離有罪經一卷

燒香咒願經一卷或云咒願經

安墓咒經一卷

觀月光菩薩記一卷

佛鉢記一卷或云佛鉢記甲申年大水及月光菩薩出事

彌勒下教一卷在鉢後記

九十六種道一卷

右十二部經記或義理乖背或文偈淺鄙故入疑錄庶耘蕪穢以顯法實

灌頂經一卷一名藥師琉璃光經或名灌頂拔除過罪生死得度經

右一部宋孝武帝大明元年秣陵鹿野寺比丘慧簡依經抄撰此經後有續命法所以遍行於世

提謂波利經二卷舊別有提謂經一卷

右一部宋孝武時北國比丘曇靖撰

寶車經一卷（或云妙好寶車菩薩經）

右一部北國淮州比丘曇辯撰青州比丘道侍改治

菩提福藏法化三昧經一卷

右一部齊武帝時比丘道備所撰（備易名道歡）

佛法有六義第一應知一卷（未得本）

六通無礙六根淨業義門一卷（未得本）

右二部齊武帝時比丘釋法願抄集經義所出雖弘經義異於僞造然既立名號則別成一部懼後代疑亂故明注于錄

佛所制名數經五卷

右一部齊武帝時比丘釋王宗所撰抄集衆經有似數林但題稱佛制懼亂名實故注于錄

衆經要攬法偈二十一首一卷

右一部梁天監二年比丘釋道歡撰右合二十部二十六卷疑經兩錄合四十六部五十六卷其三十八部失源八部有人名

新集安公注經及雜經志錄第四

夫日月麗天衆星助耀雨從龍降滮池佐潤由是豐

澤洪沾大明煥赫也而有猶爝火於雲夜抱甕於漢
陰者時有所不足也佛之著教眞人發起大行於外
國有自來矣延及此土當漢之末世晉之盛德也然
方言殊音文質從異譯梵爲晉出非一人或善梵而
質晉或善晉而未備梵衆經浩然難以折中竊不自
量敢預僧數既荷佐化之名何得素餐終日乎輒以
洒掃之餘暇注衆經如左非敢自必必値聖心庶望
考文時有合義願將來善知識不咎其默守冀抱甕
爝火讜有微益

光讚折中解一卷

光讚抄解一卷

般若放光品者分别盡漏而不證八地也源流浩瀚厥義幽邃非彼草次可見宗廟之義也安爲折疑准一卷折疑略二卷起盡解一卷道行品者般若抄也佛去世後外國高明者撰也辭句質複首尾互隱爲集異注一卷大小十二門者禪思之奥府也爲各作注大十二門二卷小十二門一卷今有了本生死者四諦四信之玄藪也爲注一卷今有密迹金剛經持心梵天經在二經者護公所出也多有隱義爲作甄解一卷

賢劫八萬四千度無極者大乘之妙目也爲解一卷
人本欲生經者九止八脫之妙要也爲注撮解一卷
今有
安般守意多念之要藥也爲解一卷今有
陰持入者世高所出殘經也淵流美妙至道直逕也
爲注二卷今有
大道地者修行抄也外國所抄爲注一卷衆經衆行
或有未曾共知者安集之爲一法句義一卷連雜解
共卷
義指者外國沙門於此土所傳義也云諸部訓異欲

廣來學視聽也增之爲注一卷
九十八結者阿毗曇之要義爲解一卷連約通解共
卷
又爲三十二相解一卷
三界諸天混然淆雜安爲錄一卷今有
此土衆經出不一時自孝靈光和已來迄今晉康寧
二年近二百載值殘出殘遇全出全非是一人難卒
綜理爲之錄一卷今有
答沙汰難二卷
答法將難一卷

西域志一卷

凡二十七卷其諸天錄經錄及答沙汰難至

西域志雖非注經今依安舊錄附之于末

僧法尼所誦出經入疑錄

寶頂經一卷　永元元年出時年九歲

淨土經七卷　永元元年出時年九歲

正頂經一卷　永元元年出時年九歲

法華經一卷　永元元年出時年九歲

藥草經一卷　永元二年出時年十歲

太子經一卷　永元二年出時年十歲

伽耶波經一卷　永元二年出時年十歲
波羅柰經二卷　中興元年出時年十二
優婁頻經一卷　中興元年出時年十二
益意經二卷　天監元年出時年十三智遠承旨
般若得經一卷　天監元年出時年十三智遠承旨
華嚴瓔珞經一卷　天監元年出時年十三智遠承旨
踰陀衛經一卷　天監四年臺內華光殿出時年十六

阿那含經二卷
天監四年出時年十六
妙音師子吼經三卷
天監四年出時年十六借張家
出乘師子吼經一卷
天監三年出時年十五
勝鬘經一卷永元元年出時年九歲
優曇經一卷永元元年出時年九歲
妙莊嚴經四卷永元元年出時年九歲
維摩經一卷江家出

序七世經一卷

右二十一種經凡三十五卷

經如前件齊末太學博士江泌處女尼子所出初尼子年在齠齓有時閉目靜坐誦出此經或說上天或稱神授發言通利有如宿習令人寫出俄而還止經歷旬朔續復如前京都道俗咸傳其異　今上勑見面問所以其依事奉答不異常人然篤信正法少修梵行父母欲嫁之誓而弗許後遂出家名僧法住青園寺祐既收集正典檢括異聞事接耳目就求省視其家秘隱不以見示唯得妙音師子吼經三卷以備

疑經之錄此尼以天監四年三月亡有好事者得其文疏前後所出經二十餘卷厥舅孫質以爲眞經行疏勸化收拾傳寫旣染毫牘必存於世昔漢建安末濟陰丁氏之妻忽如中疾便能梵語又求紙筆自爲梵書復有西域梵人見其此書云是別經推尋往古不無此事但義非金口又無師譯取捨兼懷故附之疑例

薩婆若陀眷屬莊嚴經一卷二十餘紙

右一部梁天監九年郢州頭陀道人妙光戒歲七臘矯以勝相諸尼嫗人僉稱聖道彼州

僧正議欲驅擯遂潛下都住普弘寺造作此
經又寫在屏風紅紗映覆香花供養雲集四
部嚫供煙塞事源顯發
勑付建康辯覈疑狀云抄略諸經多有私意妄造借
書人路琰屬辭潤色獄牒妙光巧詐事應斬刑路琰
同謀十歲謫戍卽以其年四月二十一日
勑僧正慧超令喚京師能講大法師宿德如僧祐曇
准等二十人共至建康前辯妙光事超卽奉旨與曇
准僧祐法寵慧令慧集智藏僧旻法雲等二十人於
縣辯問妙光伏罪事事如牒衆僧詳議依律擯治天

恩免死恐於偏地復爲慼亂長繫東冶即收拾此經得二十餘本及屏風於縣燒除然猶有零散恐亂後生故復略記薩婆若陀長者是妙光父名妙光弟名金剛德體弟子名師子

法苑經一百八十九卷

抄爲法捨身經六卷

右二部蓋近世所集未詳年代人名悉總集群經以類相從既立號法苑則疑於別經故注記其名以示後學卷數雖多猶是前錄衆經故不入部最之限

小乘迷學竺法度造異儀記第五

夫至人應世觀衆生根根力不同設教亦異是以三乘立軌隨機而發五時說法應契而化沿鹿以至妙因小以及大階漸殊時教之體也自正法稍遠受學乖互外域諸國或偏執小乘最後涅槃顯明佛性而猶執初教可謂膠柱鼓瑟者也元嘉中外國商人竺婆勒久停廣州每往來求利於南康郡生兒仍名南康長易字金伽後得入道爲曇摩耶舍弟子改名法度其人貌雖外國實生漢土天竺科軌非其所諳但性存矯異欲以攝物故執學小乘云無十方佛唯禮釋迦而已大乘經典不聽讀誦反抄著衣以此爲法

常用銅鉢無别應器乃令諸尼作鎮肩衣似尼師壇縫之爲囊恒著肩上而不用坐以表衆異每至出路相捉而行布薩悔過但伏地相向而不胡跪法度善閑漢言至授戒先作梵語不令漢知案律之明文授法資解言不相領不得法事而竺度昧罔面行詭術明識之衆咸共駭棄唯宋故丹揚尹顔竣女宣業寺尼法弘交州刺史張牧女弘光寺尼普明等信受其教以爲眞實雖出貴族而識謝慧心毁呰方等既絶法雨妄學詭科乖背律儀來苦方深良可愍傷自正化東流大乘日曜英哲頂受遍寓服膺而使迷僞之

人專行偏教莫惑振止何其甚哉昔慧導拘滯疑惑大品曇樂偏執非撥法華罔天下之明信已情之謬關中大衆固已指爲無間矣至於彭城僧淵誹謗涅槃舌根銷爛現表厥殃大乘難誣亦可驗也尋三人之惑並惡止其躬而竺度之悖以毒飲人凡女人之性智弱信強一受僞教則同惑相挻故京師數寺遂塵異法東境尼衆亦時染此風將恐邪路易開淄汙不已嗟乎斯豈魔斷大乘故先侮女人歟此實開士之所痛悼而法主所宜匡制也大方便經云釋迦如來昔爲比丘專以四阿含教化謗毀方等於無數劫

受大苦報從阿鼻出發大乘心致成正覺後進之賢宜思防斷古今明誡可不慎乎

昔慧叡法師久歎愚迷製此喻疑防於今日故存之錄末雖於錄非類顯證同矣

喻疑第六

長安叡法師

夫應而不寂感之者至感有精麁應亦不一影響理也若以方期之非徒乖其圓乃亦喪其方故以備聞之悟喻其所疑疑非膏肓疾必爲治若治所不至喻復其如之何並可詳覽往喻昔漢室中興孝明之世無盡之照始得輝光此壤於二五之照當是像法之

初自尒已來西域名人安侯之徒相繼而至大化文
言漸得淵照邊俗陶其鄙倍漢末魏初廣陵彭城二
相出家並能任持大照尋味之賢始有講次而恢之
以格義迂之以配說下至法祖孟詳法行康會之徒
撰集諸經宣暢幽旨粗得充允視聽暨今附文求旨
義不遠宗言不乖實起之於亡師及至符并龜兹三
王來朝持法之宗亦竝與經俱集究摩羅法師至自
龜兹持律三藏集自罽賓禪師徒衆尋亦並集關中
洋洋十數年中當是大法後興興之盛也叡才常人
鄙而得厠對宗匠陶譯玄典法言無日不聞聞之無

要不記故敢依准所聞寄之紙墨以宣所懷什公云
大教興世五十餘年言無不實實無不益益而爲言
無非教也實而爲稱無非實也實以如意爲喻教以
正失爲體若能體其隨宜之旨則言無不深若守其
一照則或無不至今此世界以雜爲名則知本自離
薄本自離薄則易爲風波風波易以動不淳易爲離
易動易離故大聖隨宜而進進之不以一途三乘雜
化由之而起三藏祛其染滯般若除其虛妄法華開
一究竟泥洹闡其實化此三津開照照無遺矣但優
劣在乎人深淺在其悟任分而行無所藏否前五百

年也此五百年中得道者多不得者少以多言之故曰正法後五百年唯相是非執競盈路得道者少不得者多亦以多目之名爲像法像而非眞失之由人由人之失乃有非跋眞言斧戟實化無擇起於胷中不救出自脣吻三十六國小乘人也此釁流於秦地慧導之徒遂復不信大品既蒙什公入關開託眞照般若之明復得輝光末俗朗兹實化尋出法華開方便門令一實究竟廣其津途欣樂之家景仰沐浴眞復不知老之將至而曇樂道人以偏執之見而復非之自畢幽途永不可誨今大般泥洹經法顯道人遠

尋眞本於天竺得之持至揚都大集京師義學之僧百有餘人禪師執本參而譯之詳而出之此經云泥洹不滅佛有眞我一切衆生皆有佛性皆有佛性學得成佛佛有眞我故聖鏡特宗而爲衆聖中王泥洹永存爲應照之本大化不泯眞本存焉而復致疑安於漸照而排跋眞誨任其偏執而自幽不救其可如乎此正是法華開佛知見開佛知見今始可悟金以瑩明顯發可知而復非之大化之由而有此心經言闡提眞不虛也此大法三門皆有成證昔朱士行既襲眞式以大法爲已任於雒陽中講小品亦往往不

通乃出流沙尋求大品既至于塡果得眞本卽遣弟子十人送至雒陽出爲晉音未發之間彼土小乘學者乃以聞王云漢地沙門乃以婆羅門書惑亂眞言王爲地主若不折之斷絕大法[illegible]盲漢地王之咎也王卽不聽時朱士行乃求燒經爲證王亦從其所求積薪十車於殿階下以火焚之士行臨階而發誠誓若漢地大化應流布者經當不燒若其不應命也如何言已投之火卽爲滅不損一字遂得有此法華正本於于塡大國輝光重壤踊出空中而得流此此大般泥洹經既出之後而有嫌其文不便者而更改之

人情小惑有慧祐道人私以正本雇人寫之容書之家忽然火起三十餘家一時蕩然寫經人於灰火之中求銅鐵器物忽見所寫經本在火不燒及其所寫一紙陌外亦燒字亦無損餘諸巾紙寫經竹筒皆爲灰燼此三經者如什公所言是大化三門無極眞體皆有神驗無所疑也什公時雖未有大般泥洹文已有法身經明佛法身即是泥洹與今所出若合符契此公若得聞此佛有眞我一切衆生皆有佛性便當應如白日朗其胸襟甘露潤其四體無所疑也何以知之每至苦問佛之眞主亦復虛妄積功累德誰爲

不惑之本或時有言佛若虛妄誰爲眞者若是虛妄積功累德誰爲其主如其所探今言佛有眞業衆生有眞性雖未見其經證明評量意便爲不乖而亦曾問此土先有經言一切衆生皆當作佛此當云何答言法華開佛知見亦可皆有爲佛性若有佛性復何爲不得皆作佛耶但此法華所明明其唯有佛乘無二無三不明一切衆生皆當作佛皆當作佛我未見之亦不抑言無也若得聞此正言眞是會其心府故知聞之必深信受同吾之肆學正法者小可虛其衿帶更聽往喻如三十六國著小乘者亦復自以爲日

月之明無以進於巳也而大心寥朗乃能鄙其狂而偏執自貽重罪慧導之非大品而尊重三藏亦不自以爲照不周也曇樂之非法華憑陵其氣自以爲是天下悠悠唯巳一人言其意亦無所與讓今疑大般泥洹者遠而求之正當以一切衆生皆有佛性爲不通眞照眞照自可照其虛妄眞復何須其照一切衆生既有僞矣別有眞性爲不變之本所以陶練既精眞性乃發恒以大慧之明除其虛妄虛妄既盡法身獨存爲應化之本應其所化能成之緣一人不度吾終不捨此義始驗復何爲疑耶若於眞性法身而復

致疑者恐此邪心無處不惑佛之真我尚復生疑亦可不信佛有正覺之照而爲一切種智也般若之明自是照虚妄之神器復何與佛之真我法身常存一切皆有佛之真性真性存焉學不越涯成不乖本乎而欲以真照無虚言言而亦無佛我亦無泥洹是邪見也但知執此照惑之明不知無惑之性非其照也爲欲以此誣誷天下天下之人何可誣也所以遂不關默而驟明此照者是惜一肆之上而有鑠金之説一帀之中而言有虎者三易惑之徒則將爲之所染皆爲不救之物亦不得已而言之豈其好明人罪耶

實是蝮蛇螫手不得不斬幸有深識者體其不黙之
旨未深入者尋而悟之以求自清之路如其已不可
喻吾復其如之何

出三藏記集卷第五

出三藏記集序卷第七

梁　釋　僧　祐　撰

大十二門經序第九　道安法師

法鏡經序第十　僧會法師

四十二章經序第一　未詳作者

昔漢孝明皇帝夜夢見神人身體有金色項有日光飛在殿前意中欣然甚悅之明日問群臣此爲何神也有通人傅毅曰臣聞天竺有得道者號曰佛輕舉能飛殆將其神也於是上悟卽遣使者張騫羽林中郎將秦景博士弟子王遵等十二人至大月支國寫取佛經四十二章在十四石函中登起立塔寺於是道法流布處處修立佛寺遠人伏化願爲臣妾者不

可稱數國內清寧含識之類蒙恩受賴于今不絕也

安般守意經序第二

吳沙門康僧會

夫安般者諸佛之大乘以濟衆生之漂流也其事有六以治六情情有內外眼耳鼻口身心謂之內矣色聲香味細滑邪念謂之外也經曰諸海十二事謂內外六情之受邪行猶海受流餓夫夢飯蓋無滿足也心之溢盪無微不浹怳惚髣髴出入無間視之無形聽之無聲逆之無前尋之無後深微細妙形無絲髮梵釋僊聖所不能照明默種于此化生乎彼非凡所覩謂之陰也猶以晦曀種夫粢芬闓手覆種孳有萬

億旁人不覩其形種家不知其數也一朽乎下萬生乎上彈指之間心九百六十轉一日一夕十三億意意有一身心不自知猶彼種夫也是以行寂繫意著息數一至十十數不誤意定在之小定三日大定七日寂無他念泊然若死謂之一禪禪棄也棄十三億穢念之意已獲數定轉念著隨蠲除其八正有二意意定在隨由在數矣垢濁消滅心稍清淨謂之二禪也又除其一注意鼻頭謂之止也得止之行三毒四趣五陰六冥諸穢滅矣煚然心明踰明月珠婬邪汚心猶鏡處泥穢垢汚焉偃以照天覆以臨士聰叡聖

達萬土臨照雖有天地之大靡一夫而能覩所以然者由其垢濁衆垢汚心有踰彼鏡矣若得良師刻刮瑩磨薄塵微曀蕩使無餘舉之以照毛髮面理無微不察垢退明存使其然矣情溢意散念萬不識一矣猶若於市馳心放聽廣采衆音退宴存思不識一夫之言心逸意散濁翳其聰也若自閑處心思寂寞志無邪欲側耳靖聽萬句不失片言斯著心靖意淸之所由也行寂止意懸之鼻頭謂之三禪也還觀其身自頭至足反覆微察內體汚露森楚毛竪猶覩膿涕於斯具照天地人物其盛若衰無存不亡信佛三寶

衆冥皆明謂之四禪也攝心還念諸陰皆滅謂之還也穢欲寂盡其心無想謂之淨也得安般行者厭心即明舉眼所觀無幽不覩往無數劫方來之事人物所更現在諸剎其中所有世尊法化弟子誦習無遐不見無聲不聞怳惚髣髴存亡自由大彌八極細貫毫釐制天地住壽命猛神德壞天兵動三千移諸剎入不思議非梵所測神德無限六行之由也世尊初欲說斯經時大千震動人天易色三日安般無能質者於是世尊化爲兩身一曰何等一曰尊主演于斯義出矣大士上人六雙十二輩靡不執行有菩薩者

安清字世高安息王嫡后之子讓國與叔馳避本土
翔而後進遂處京師其爲人也博學多識貫綜神模
七正盈縮風氣吉凶山崩地動鍼脉諸術覩色知病
鳥獸鳴啼無音不照懷二儀之弘仁愍黎庶之頑闇
先挑其耳却啓其目欲之視聽明也徐乃陳演正眞
之六度譯安般之秘奥學者塵興靡不去穢濁之操
就清白之德者也余生末蹤始能負薪考妣徂落三
師凋喪仰瞻雲日悲無質受聆言顧之潸然出涕宿
祚未沒會見南楊韓林穎川皮業會稽陳慧此三賢
者信道篤密執德弘正烝烝進進志道不倦余之從

請問規同矩合義無乖異陳慧注義余助斟酌非師不傳不敢自由也言多鄙拙不究佛意明哲衆賢願共臨察義有肱腨加聖删定共顯神融矣

安般注序第三

晉沙門釋道安

安般者出入也道之所寄無往不因德之所寓無往不託是故安般寄息以成守四禪寓骸以成定也寄息故有六階之差寓骸故有四級之別階差者損之又損之以至於無爲級別者忘之又忘之以至於無欲也無爲故無形而不因無欲故無事而不適無形而不因故能開物無事而不適故能成務成務者即

萬有而自彼開物者使天下兼忘我也彼我雙廢者守于唯守也故修行經以斯二法而成寂得斯寂者舉足而大千震揮手而日月捫疾吹而鐵圍飛微噓而須彌舞斯皆乘四禪之妙止御六息之大辯者也夫執寂以御有崇本以動末有何難也安般居十念之一於五根則念根也故撰法句者屬唯念品也昔漢氏之末有安世高者博聞稽古特專阿毗曇學其所出經禪數最悉此經其所譯也茲乃趣道之要徑何莫由斯道也魏初康會爲之注義義或隱而未顯者安竊不自量敢因前人爲解其下庶欲蚊翮以助

隨藍霧潤以增巨壑也

安般守意經序第四

晉謝敷作

夫意也者衆苦之萌基背正之元本荒迷放蕩浪逸無涯若狂夫之無所麗愛惡充心躭昏無節若夷狄之無君微矣哉即之無像尋之無朕則毫末不足以喻其細迅矣哉儐蹻惚怳眴帀宇宙則奔電不足以比其速是以彈指之間九百六十轉一日一夕十三億想念必嚮報成生死裁一身所種滋蔓彌劫凡在三界倒見之徒溺喪淵流莫能自反正覺慈愍開示慧路防其終凶之源漸塞忿欲之微兆爲啟安般之

要徑泯生滅以冥寂伸道品以養恬建十慧以入微縶九神之逸足防七識之洪流故曰守意也若乃制伏麁垢拂剗漏結者亦有望見貿樂之士閉色聲於視聽遏塵想以禪寂乘靜泊之禎祥納色天之嘉祚然正志荒於華樂昔習没於交逸福田矜執而日零毒根迭興而罪襲是以輪迴五趣億劫難拔嬰羅欲網有劇深牢由於無慧樂定不惟道門使其然也至於乘慧入禪亦有三輩或畏苦滅色樂宿泥洹志存自濟不務兼利者爲無著乘或仰希妙相仍有遺無不建大悲練盡緣縛者則號緣覺菩薩者深達有本

暢因緣無達本者有有自空暢無者因緣常寂自空故不出有以入無常寂故不盡緣以歸空住理而有非所縛非縛故無無所脫苟厝心領要觸有悟理者則不假外以靜內不因禪而成慧故曰阿惟越致不隨四禪也若欲塵翳心慧不常立者乃假以安般息其馳想猶農夫之淨地明鏡之瑩刻矣然則耘耨不以爲地地淨而種滋瑩刻非以爲鏡鏡淨而照明故開士行禪非爲守寂在遊心於玄冥矣肇自發心悲盟弘普秉權積德忘期安衆衆雖濟而莫脫將廢知而去筌矣是謂菩薩不滅想取證也此三乘雖同假

禪靜至於建志厥初各有攸歸故學者宜悏心宏模植栽於始也漢之季世有捨家開士安清字世高安息國王之太子也審榮辱之浮寄齊死生乎一貫遂脫屣於萬乘抱玄德而遊化演道教以發朦表神變以源之于時俊乂歸宗釋華崇實者若禽獸之從麟鳳鱗介之赴虬蔡矣又博綜殊俗善衆國音傳授斯經變爲晉文其所譯出百餘萬言探暢幽賾淵玄難測此安般典其文雖約義關衆經自淺至精衆行具舉學之先要孰踰者乎行者欲疑神反朴道濟無外而不循斯法者何異刖夫之陟太山無翅而圖昇虛

乎釋迦如來妙慧足於曩劫歷無數以潛化至于衆生運會圓滿告成而猶現行六年以爲教端者誠以鎮一紛耶莫尚茲也由是而觀可不務歟敷染習沉冥積罪歷劫生與佛乖弗覩神化雖以微祚得稟遺典而情想繁蕪道根未固仰欣聖軌未一暫履夕惕戰懼惄焉如擣是以誠心諷誦以鍾識習每遭明叡輒咨凝滯然冥宗已遠義訓小殊乃採集英彥戢而載焉雖粗聞大要未悟者衆於是復率愚思推檢諸數尋求明證遂相繼續撰爲注義并抄撮大安般修行諸經事相應者引而合之或以隱顯相從差簡搜

尋之煩經道弘深旣非愚淺所能裁衷又辭意鄙拙萬不暢一祇增理穢敢云足以闡融妙旨乎實欲私記所識以備遺忘而已耳儻有覽者願亮不逮正其愚謬焉

陰持入經序第五

晉沙門釋道安

陰持入者世之深病也馳騁人心變德成狂耳聾口爽耽醉榮寵抱癡投冥酸號三趣其爲病也猶癩疾焉入骨徹髓良醫拱手猶頣蹷焉來則冥然莫有所識大聖悼茲痛心內發忘身安赴塗炭含厚德忍舞擊觀羅窖於重雲止罝網于八極洪癡不得振其翼

巨愛不得逞其足採善心於毫芒拔兕頭於虎口以大寂爲至樂五音不能聾其耳矣以無爲爲滋味五味不能爽其口矣曜形濁世拯擢難計陟降教終潛淪無名諸無著等尋各騰逝大弟子衆深懼妙法混然廢没於是令迦葉集結阿難所傳凡三藏焉該羅幽廓難度難測也世雄授藥必因本病病不能均是故衆經相待乃備非彦非聖罔能綜練自兹以後神通高士各爲訓釋或攬撰諸經以爲行式譬瓔璣歟擇彼珠珍以色相發佩之冠之爲光爲飾喻繪事歟調別衆彩以圖暉列諸明叡者所撰亦然此經則是

其數也有捨家開士出自安息字世高大慈流洽播化斯土譯梵爲晉微顯闡幽其所敷宣專務禪觀醇玄道數深矣遠矣是經其所出也陰入之弊人莫知苦是故先聖照以止觀陰結日損成泥洹品自非知機其孰能與於此乎從首至于九絕都是四十五藥也以慧斷知入三部者成四諦也十二因緣訖淨法部者成四信也其爲行也唯神矣故不言而成唯妙矣故不行而至統斯行者則明白四達立根得眼成十力子紹冑法王奮澤大千若取證則拔三結住壽成道徑至應眞此乃大乘之舟撮泥洹之關路于斯

晉土禪觀弛廢學徒雖興蔑有盡漏何者禪思守玄練微入寂在取何道猶覘于掌闇替斯要而希見證不亦難乎安未近積罪生逢百罹戎狄孔棘世乏聖導潛遯晉山孤居離衆幽處窮壑竊覽篇目淺識獨見滯而不達夙宵抱疑諮諏靡質會太陽比丘竺法濟并州道人支曇講陟岨冒寇重爾遠集此二學士高朗博通誨而不倦者也遂與析槃暢礙造茲注解世不值佛又處邊國音殊俗異規矩不同又以愚量聖難以逮也冀未踐緒者少有微補非敢自必析究經旨

人本欲生經序第六

晉沙門釋道安

人本欲生經者照乎十二因緣而成四諦也本者癡也欲者愛也生者生死也略舉十二之三以爲目也人在生死莫不浪滯於三世飄縈於九止綢繆八縛者也十二因緣於九止則第一人亦天也四諦所鑒鑒乎九止八解所正正乎八邪邪正則無往而不恬止鑒則無往而不愉無往而不愉故能洞照傍通無往而不恬故能神變應會神變應會則不疾而速洞照傍通則不言而化不言而化故無棄人不疾而速故無遺物物之不遺人之不棄斯禪智之由也故經

曰道從禪智得近泥洹登虛也哉誠近歸之要也斯經似安世高譯爲晉言也言古文悉義妙理婉覩其幽堂之美闕庭之富或寡矣安每覽其文欲疲不能所樂而現者三觀之妙也所思而存者想滅之辭也敢以餘暇爲之撮注其義同而文別者無所加訓焉

了本生死經序第七

釋道安

夫四信妙興者衆祐之寶軒也以運連縛倒見衆生凡在三界罔弗冠癡佩行嬰舞生死而趍陰堂揖讓色味駗惑載疑驅馳九止者也既則狎賢侮聖從其姦慝貪欲恚鋮梟截玄路群誹上要殃禍備嘗矣世

雄顧慜深圖變謀法於曜於重霓道鼓震於雷吼寂
千障乎八紘慧戈陷乎三有於是碎癡冠決嬰珮升
信車入諦軌則因緣息成四喜矣故曰了本生死也
了猶解也本則癡也元也如來指舉一隅身子伸敷
高旨引興幽讚美矣盛矣夫計身有命則隨緣縛謗
佛毀信若彌綸於幽室矣夫解空無命則成四諦照
然立信若日殿之麗乾矣斯乃五十六藥之崇基淵
乎蓋衆行之宗也開微成務孰先者乎佛始得道隆
建大哀此經則十六之一也其在天竺三藏聖師莫
不以爲教首而研幾也漢之季世此經始降茲土雅

遂奧邈少達旨歸者也魏代之初有高士河南支恭明爲作注解探玄暢滯眞可謂入室者矣俊哲先人足以折中也然童蒙之倫猶有未悟故仍前迹附釋未訓非苟穿鑿以紫亂朱也儻孤居始進者可以辯惑焉

十二門經序第八　釋道安

十二門者要定之目號六雙之關徑也定有三義焉禪也等也空也用療三毒綢繆重病嬰斯幽厄其日深矣貪囹恚圄癡城至固世人遊此猶春登臺甘處欣欣如居花殿嬉樂自娱莫知爲苦嘗酸速禍困憊

五道夫唯正覺乃識其謬耳哀倒見之苦傷蓬流之痛爲設方便防萌塞漸闢茲慧定令自澣滌挫鋭解紛返神玄路苟非至德其道不凝也夫邪僻之心必有微著是故禪法以四爲差焉貪淫囹者荒色悖蒸不別尊甲渾心躭緬習以成狂亡國傾身莫不由之虛迷空醉不知爲幻故以死屍散落自悟漸斷微想以至于寂味乎無味故曰四禪也瞋恚囹者爭纖芥之虛聲結瀝血之重咎恩親絶於快心交友腐於縱忿含怒徹髓不悛滅族聖人見強梁者不得其死故訓之以等尸心雠親至柔其志受垢含苦治之未亂

淳德遂厚兕不措角況人害乎故曰四等也愚癡城者誹古聖謗眞諦慢二親輕師傅斯病尤重矣以慧探本知從癡愛分別末流了之爲惑練心攘慝狂病瘳矣故曰四空也行者挹禪海之深醴漑昏迷之盛火激空淨之淵流蕩癡塵之穢垢則皎然成大素矣行斯三者則知所以宰身也所以宰身者則知所以安神也所以安神者則知所以度人也然則經無巨細出自佛口神心所制言爲世寶慧日既沒三界喪目經藏雖存淵玄難測自非至精孰達其微於是諸開士應眞各爲訓解釋其幽賾辯其差貫則爛然易

見矣窮神知化何復加乎從十二門已後則是訓傳也凡學者行十二門却盡神足滅外止麁謂之成五通也三向諸根進消内結謂盡諸漏也始入盡漏名不退轉諸佛嘉歎記其成號深不可測獨見曉焉神不可量獨能精焉陵雲輕舉淨光燭幽移海飛嶽風出電入淺者如是況成佛乎是乃三乘之大路何莫由斯定也自始發跡逮于無漏靡不周而復始習兹定也行者欲崇德廣業而不進斯法者其猶無柯而求伐不飯而徇飽難以獲矣醒寤之士得闕要定不亦妙乎安宿不敏生值佛後又處異國楷範多闕仰

希古列滯而未究寤寐憂悸有若疾首每惜茲邪禪業替廢敢作注于句末雖未足光融聖典且發蒙者儻易覽焉安世高善開禪數斯經似其所出故錄之于末

大十二門經序第九

釋道安

夫婬息存乎解色不係防閑也有絕存乎解形不係念空也色解則冶容不能縛形解則無色不能滯不縛者雖天魔玉顏窈窕艷姿莫足傾之之謂固也不滯者雖遊空無識泊然永壽莫足礙之之謂眞也何者執古以御有心妙以了色雖群居猶芻靈泥洹猶

如幻豈多制形而重無色哉是故聖人以四禪防淫
淫無遺焉以四空滅有有無現焉淫有之息要在明
乎萬形之未始有百化猶逆旅也怨憾之興興於此
彼此彼既興遂成仇敵仇敵適成勃然赫怒赫怒巳
發無所不至至不可至神幽想獄乃毒乃辛欣之甘
之是以如來訓之以等等所難等何往不等等心既
富怨本息矣豈非爲之乎未有圖難於其易者乎夫
然則三事凶躭廢然息矣十二重關廓然闢矣根立
而道生覺立而道成莫不由十二門立乎定根以逆
道休也大人揮變榮光四塞彈撇安明吹沫千刃黙

動異刹必先正受明夫匪禪無以統乎無方而不留
匪定無以周乎萬形而不礙禪定不愆於神變乎何
有也至矣盡矣蔑以加矣此經世高所出也辭旨雅
密正而不艷比諸禪經最爲精悉案經後記云嘉禾
七年在建鄴周司隸舍寫緘在篋匱向二百年矣㝠
然不行無聞名者比丘竺道護於東垣界賢者經中
得送詣護澤乃得流布得經之後俄而其家遇火護
若不覩爲灰炭矣自然將喪斯禪也後死者不得與
聞此經也此經也八音所誨四道作訓約無乏文重
無簡矣精義入神何以上乎前世又爲懸解一家之

傳故筌而次之然世高出經貴本不飾天竺古文文通尚質倉卒尋之時有不達今爲略注繼前人之末非敢亂朱冀有以寤焉

法鏡經序第十　　吴沙門康僧會

夫心者衆法之源臧否之根同出異名禍福分流以身爲車以家爲國周遊十方稟無倦息家欲難足猶海吞流火之獲薪六邪之殘已甚於蒺蔾網之賊魚矣女人佞等三魅其善僞而信寡家之爲禍也尊邪穢賤清眞連叢瑣謗聖賢興獄訟喪九親斯家之所由矣是以上士耻其穢懼其厲爲之懾懾如也默思

遁邁由明哲之避無道矣剔髮毀容法服爲珍靖處
廟堂練情攘穢懷道宣德闓導聾瞽或有隱處山澤
枕石嗽流專心滌垢神與道俱志寂齊乎無名明化
周乎群生賢聖競乎清靖稱斯道曰大明故曰法鏡
騎都尉安玄臨淮嚴佛調斯二賢者年在齠齔弘志
聖業鉤深致遠窮神達幽愍世蒙惑不覩大雅竭思
譯傳斯經景模都尉口陳嚴調筆受言既稽古義又
微妙然時干戈未戢志士莫敢或遑大道陵遲內學
者寡聞覩其景化可以拯塗炭之尤嶮然義壅而不
達因閑竭愚爲之注義喪師歷載莫由重質心憤口

悱停筆愴如追逵慕聖涕泗并流今記識闕疑俟後
明哲庶有暢成以顯三寶矣
出三藏記集序卷第七

出三藏記集序卷第八

梁　釋　僧　祐　撰

文殊師利淨律經記第十八　出經後記

王子法益壞目因緣經序第十九　佛念法師

合微密持陀隣尼總持三本第二十　支恭明

道行經序第一

晉釋道安

大哉智度萬聖資通咸宗以成也地合日照無法不周不恃不處累彼有名既外有名亦病無形兩忘玄莫塊然無主此智之紀也夫永壽莫美乎上乾而齊之殤子神偉莫美於凌虛而同之涓滯至德莫大乎真人而比之朽種高妙莫大乎世雄而喻之幻夢由此論之亮爲衆聖宗矣何者執道御有卑高有差此

有爲之域耳非據眞如遊法性冥然無名也據眞如遊法性冥然無名者智度之奥室也名教遠想者智度之蘧廬也然存乎證者莫不契其無生而煌眩存乎迹者莫不忿其蕩冥而誕誹道動必反優劣致殊眩誹不其宜乎不其宜乎要斯法也與進度齊轡逍遥俱遊千行萬定莫不以成衆行得字而智進全名諸法參相成者求之此列也且其經也進咨第一義以爲語端追述權便以爲談首行無細而不歷數無微而不極言似煩而各有宗義似重而各有主璅見者慶其邇教而悅寤宏喆者望其遠標而絶目陟者

彌高而不能階涉者彌深而不能測謀者慮不能規
尋者度不能盡既杳冥矣眞可謂大業淵藪妙矣者
哉然凡諭之者考文以徵其理者昏其趣者也察句
以驗其義者迷其旨者也何則考文則異同每爲辭
尋句則觸類每爲旨爲辭則喪其卒成之致爲旨則
忽其始擬之義矣若率初以要其終或忘文以全其
質者則大智玄通居可知也從始發意逮一切智曲
成決著八地無染謂之智也故曰遠離也三脫照空
四非明有統鑑諸法因後成用藥病雙亡謂之觀也
明此二行於三十萬言其如視諸掌乎顛沛造次無

起無此也佛泥曰後外國高士抄九十章爲道行品桓靈之世朔佛賫詣京師譯爲漢文因本順旨轉音如已敬順聖言了不加飾也然經既抄撮合成章投音殊俗異譯人口傳自非三達胡能一一得本緣故乎由是道行頗有首尾隱者古賢論之往往有滯仕行恥此尋求其本到于闐乃得送詣倉垣出爲放光品斥重省刪務令婉便若其悉文將過三倍善出無生論空持巧傳譯如是難爲繼矣二家所出足令大智煥爾闡幽支讖全本其亦應然何者抄經刪削所害必多委本從聖乃佛之至誠也安不量末學庶幾

斯心載詠載玩未墜于地檢其所出事本終始猶令
折傷玷缺戢然無際假無放光何由解斯經乎永謝
先喆所蒙多矣今集所見爲解句下始況現首終隱
現尾出經見異銓其得否舉本證抄敢增損也幸我
同好飾其瑕讁也

道行經後記第二　未詳作者

光和二年十月八日河南洛陽孟元士口授天竺菩
薩竺朔佛時傳言譯者月支菩薩支讖時侍者南陽
張少安南海子碧勸助者孫和周提立正光二年九
月十五日洛陽城西菩薩寺中沙門佛大寫之

放光經記第三

未詳作者

惟昔大魏潁川朱士行以甘露五年出家學道爲沙門出塞西至于闐國寫得正品梵書梵本九十章六十萬餘言以太康三年遣弟子弗如檀晉字法饒送經梵本至洛陽住三年復至許昌二年後至陳留界倉垣水南寺以元康元年五月十五日衆賢者共集議晉書正寫時執梵本者于闐沙門無叉羅優婆塞竺叔蘭口傳祝太玄周玄明共筆受正書九十章凡二十萬七千六百二十一言時倉垣諸賢者等大小皆勸助供養至其年十二月二十四日寫都訖經義

深奧又前後寫者參校不能善悉至太安二年十一月十五日沙門竺法寂來至倉垣水北寺求經本寫時檢取現品五部并梵本與竺叔蘭更共考校書寫永安元年四月二日訖於前後所寫校最爲差定其前所寫可更取校晉梵音訓暢義難通諸開士大學文生書寫供養諷誦讀者願留三思恕其不逮也

合放光光讚略解序第四　釋道安

放光光讚同本異譯耳其本俱出于闐國持來其年相去無幾光讚于闐沙門祇多羅以泰康七年賫來護公以其年十一月二十五日出之放光分如檀以

泰康三年于闐爲師送至洛陽到元康元年五月乃
得出耳先光讚來四年後光讚出九年也放光于闐
沙門無叉羅執梵竺叔蘭爲譯言少事約删削復重
事事顯炳煥然易觀也而從約必有所遺於天竺辭
及騰每大簡焉光讚護公執梵本聶承遠筆受言准
天竺事不加飾悉則悉矣而辭質勝文也每至事首
輒多不便諸反覆相明又不顯灼也考其所出事周
密耳互相補益所悟實多恨其寢逸涼土九十一年
幾至泯滅乃達此邦也斯經既殘不具並放光尋出
大行華京息心居士翕然傳焉中山支和上遣人於

倉垣斷絹寫之持還中山中山王及衆僧城南四十里幢幡迎經其行世如是是故光讚人無知者昔在趙魏迸得其第一品知有茲經而求之不得至此會慧常進行慧辯等將如天竺路經涼州寫而因焉展轉秦雍以晉泰元元年五月二十四日乃達襄陽尋之玩之欣有所益輒記其所長爲略解如左般若波羅蜜者成無上正眞道之根也正者等也不二入也等道有三義焉法身也如也眞際也故其爲經也以如爲首以法身爲宗也如者爾也本末等爾無能令不爾也佛之興滅綿綿常存悠然無寄故曰如也法

身者一也常淨也有無均淨未始有名故於戒則無
戒無犯在定則無定無亂處智則無智無愚泯爾都
忘二三盡息皎然不緇故曰淨也常道也眞際者無
所著也泊然不動湛爾玄齊無爲也無不爲也萬法
有爲而此法淵默故曰無所有者是法之眞也由是
其經萬行兩廢觸章輒無也何者癡則無往而非徼
終日言盡物也故爲八萬四千塵垢門也慧則無往
而非妙終日言盡道也故爲八萬四千度無極也所
謂執大淨而萬行正正而不害妙乎大也凡論般若
推諸病之壃服者理徹者也尋衆藥之封域者斷迹

者也高談其轍迹者失其所以指南也其所以指南者若假號章之不住五通品之不貢高是其涉百辟而不失午者也宜精理其轍迹又思存其所指則始可與言智已矣何者諸五陰至薩云若則是菩薩來往所現法慧可道之道也諸一相無相則是菩薩來往所現眞慧明乎常道也可道故後章或曰世俗或曰說已也常道則或曰無爲或曰復說也此兩者同謂之智而不可相無也斯乃轉法輪之目要般若波羅蜜之常例也

須眞天子經記第五

未詳作者

須真天子經太始二年十一月八日於長安青門內白馬寺中天竺菩薩曇摩羅察口授出之時傳言者安文惠帛元信手受者聶承遠張玄伯孫休達十二月三十日未時訖

普曜經記第六　未詳作者

普曜經永嘉二年太歲在戊辰五月本齊菩薩沙門法護在天水寺手執梵本口宣晉言時筆受者沙門康殊帛法炬

賢劫經記第七　未詳作者

賢劫經永康元年七月二十一日月支菩薩竺法護

從罽賓沙門得是賢劫三昧手執口宣時竺法友從
洛寄來筆受者趙文龍使其功德福流十方普遂蒙
恩離於罪蓋其是經者欠見于佛稽受道化受菩薩
決致無生忍至一切法十方亦爾

般舟三昧經記第八　未詳作者

般舟三昧經光和二年十月八日天竺菩薩竺佛朔
於洛陽出菩薩法護時傳言者月支菩薩支讖授與
河南洛陽孟福字元士隨侍菩薩張蓮字少安筆授
令後普著在建安十三年於佛寺中校定悉具足後
有寫者皆得南無佛又言建安三年歲在戊子八月

八日於許昌寺校定

首楞嚴三昧經注序第九　未詳作者

首楞嚴三昧者晉曰勇猛伏定意也謂十住之人忘當而功顯不爲而務成蓋勇猛伏之名生於希尚者耳雖功高天下豈係其名哉直以忘業宗而稱立遺稱故名遺訓三千敷典誥群生瞻之而弗及鑽之而莫踰自非奇致超玄梵可以應乎聖錄所謂勇猛者誠哉難階也定意者謂迹絶仁智有無兼忘雖復寂以應感惠澤者倉生何嘗不通惠以仁智照以玄宗所以寂者未可得而分也故其篇云悉遍諸國亦無

所分於法身不壞也謂雖從感若流身充宇宙豈有爲之者哉謂化者以不化爲宗作者以不作爲主爲主其自忘爲像可分哉若至理之可分斯非至極也可分則有虧斯成則有散所謂爲法身者絶成虧遺合散靈鑒與玄風齊蹤負神與太陽俱暢其明不分萬類殊觀法身全濟非亦宜乎故曰不分無所壞也首楞嚴者沖風冠乎知喪洪緒在於忘言微旨盡於七住外迹顯乎三權洞重玄之極奧耀八特之化筌揮高木之玄標建十准以何能翫妙旨以調習旣習釋而知玄遺慈故慈洽棄照而照弘也故有陶化育

物紹以經綸自非領略玄宗深達奇趣豈云究之哉沙門支道林者道心冥乎上世神悟發於天然俊朗明徹玄映色空啟于往數位敘三乘余時復疇諮豫聞其一敢以不敏係于句末想望來賢助刪定焉安公

經錄云中平二年十二月八日於支讖所出其經首略如是我聞唯稱佛在王舍城靈鳥頂山中

合首楞嚴經記第十 梵文同晉音勇伏定意

支敏度 三經謝敷合注共四卷

此經本有記云支讖所譯出讖月支人也漢桓靈之世來在中國其博學淵妙才思測微凡所出經類多深玄貴尚實中不在文飾今之小品阿闍世伅真般

舟悉讖所出也又有支越字恭明亦月支人也其父亦漢靈帝之世來獻中國越在漢生似不及見讖也又支亮字紀明資學於讖故越得受業於亮焉越才學深徹內外備通以季世尚文時好簡略故其出經頗從文麗然其屬辭析理文而不越約而義顯眞可謂深入者也以漢末沸亂南度奔吳從黄武至建興中所出諸經凡數十本自有別傳記錄亦云出此經今不見復有異本也然此首楞嚴自有小不同辭有豐約文有晉梵較而尋之要不足以爲異人別出也恐是越嫌讖所譯者辭質多梵音所異者删而定之

其所同者述而不改二家各有記錄耳此一本於諸
本中辭最省便又少梵音遍行於世卽越所定者也
至大晉之初有沙門支法護白衣竺叔蘭並更譯此
經求之於義互相發明披尋三部勞而難兼欲令學
者卽得其對今以越所定者爲母護所出爲子蘭所
譯者繫之其所無者輒於其位記而別之或有文義
皆同或有義同而文有小小增減不足重書者亦混
以爲同雖無益於大趣分部章句差見可耳
勇伏定記曰元康元年四月九日燉煌菩薩支法護
手執梵經口出首楞嚴三昧聶承遠筆受願令四輩

覽綜奉宣觀異同意

首楞嚴後記第十一　未詳作者

咸和三年歲在癸酉涼州刺史張天錫在州出此首楞嚴經于時有月支優婆塞支施崘手執梵本支博綜衆經於方等三昧特善其志業大乘學也出首楞嚴須賴上金光首如幻三昧時在涼州州內正聽堂湛露軒下集時譯者龜茲王子世帛延善晉梵音延博解群籍內外兼綜受者常侍西海趙瀟會水令馬亦內侍來恭政此三人皆是俊德有心道德時在坐沙門釋慧常釋進行涼州自屬辭辭旨如本不加文

飾飾近俗質近道文質兼唯聖有之耳

新出首楞嚴經序第十二　釋弘充

首楞嚴三昧者蓋神通之龍津聖德之淵府也妙物希微非器像所表幽玄寘湛豈情言所議冠九位以虚昇果萬行而圓就量種智以窮賢絶殆庶而静統用能靈臺十地扃鐍法雲罔象環中神圖自外然心雖澄一應無不周定必凝泊在慼斯至故明宗本則三達同寂論善救則六度彌綸辯威効則強魔慴淪語衆變則百億星繁至乃徽號龍上晦跡塵光像告諸乘有盡無滅斯皆參定之寘功成能之顯事權濟

之樞綱勇伏之宏要矣羅什法師弱齡言道思通法門昔紆步關右譯出此經自雲布已來競辰而行中興啟運世道載昌宣傳之盛日月彌懋太宰江夏王該綜群籍討論淵敏每覽茲卷特深遠情充以管昧嘗廁玄肆預遭先匠啟訓音軌參聽儒緯髣髴文意以皇宋大明二年歲次奄茂於法言精舍略爲注解庶勉不習之傳敢慕我聞之義如必紕謬以俟君子

法句經序第十三　未詳作者

曇鉢偈者衆經之要義曇之言法鉢者句也而法句經別有數部有九百偈或七百偈及五百偈偈者結

語猶詩頌也是佛見事而作非一時言各有本末布在衆經佛一切智厥性大仁愍傷天下出興于世開現道義所以解人凡十二部經揔括其要別有四部阿含至去世後阿難所傳卷無大小皆稱聞如是處佛所究暢其說是後五部沙門各自鈔采經中四句六句之偈比次其義條別爲品於十二部經靡不斟酌無所適名故曰法句夫諸經爲法言法句者猶法言也近世葛氏傳七百偈偈義致深譯人出之頗使其渾漫唯佛難值其文難聞又諸佛興皆在天竺天竺言語與漢異音云其書爲天書語爲天語名物不

同傳實不易唯昝藍調安侯世高都尉佛調譯梵爲漢審得其體斯以難繼後之傳者雖不能密猶尚貴其實粗得大趣始者維祇難出自天竺以黄武三年來適武昌僕從受此五百偈本請其同道竺將炎爲譯將炎雖善天竺語未備曉漢其所傳言或得梵語或以義出音近於質直僕初嫌其辭不雅維祇難曰佛言依其義不用飾取其法不以嚴其傳經者當令易曉勿失厥義是則爲善座中咸曰老氏稱美言不信信言不美仲尼亦云書不盡言言不盡意明聖人意深邃無極今傳梵義實宜經達是以自竭受譯人

口因循本旨不加文飾譯所不解則闕不傳故有脫失多不出者然此雖辭朴而旨深文約而義博事均衆經章有本故句有義說其在天竺始進業者不學法句謂之越叙此乃始進者之鴻漸深入者之奧藏也可以啟蒙辨惑誘人自立學之功微而所包者廣實可謂妙要者哉昔傳此時有所不出會將炎來更從諮問受此偈等重得十三品并校往故有所增定第其品目合爲一部三十九篇大凡偈七百五十二章庶有補益共廣聞焉

阿維越致遮經記第十四 晉言不退轉法輪四卷出經後記

太康五年十月十四日菩薩沙門法護於燉煌從龜茲副使羌子侯得此梵書不退轉法輪經口敷晉言授沙門法乘使流布一切咸悉聞知

魔逆經記第十五　出經後記

太康十年十二月二日月支菩薩法護手執梵書口宣晉言聶道真筆受於洛陽城西白馬寺中始出枏顯元寫使功德流布一切蒙福度脫

慧印三昧及濟方等學二經序讚第十六　王僧孺撰

夫六書相因懸日月而無攺二字一吐更天地而靡渝雖書不盡言言非書不闡言不盡意意非言不稱

是以諦聽善思承茲利喜俯首屈足恭此受持若讀若誦已説今説一音一偈莫匪舟梁一讚一稱動成輪軌況夫五力方圓四攝無怠開方便門示眞實相流方等之妙説得菩提之至因沐此寶池照茲法炬香雲靡靡慧露傍流出伽耶之妙城發娑羅之寶樹建安殿下含章基性育德成體憓聲溢於秋水美義光於冬日事高祖丘兔圃名出前意後蒼損巳利人忘我濟物傍通兼善無礙無私若空谷之必應如洪鍾之虛受匡法弘道以善爲樂重以植顯因於永劫襲妙果於茲生託意紹隆用心依止妙達空有深辨

權實而玉體不安有虧涼暑行仁莫顯楚君日見其
瘳施德靡言漢相方饗其樂桂葉龜腦固風寒之見
銷荔葩鸞骨更騰飛之可孱況復慧身方漸善根宿
樹無勞湔腸滌胃不待望色察聲有廣州南海郡民
何規以歲次協洽月旅黃鍾天監之十四年十月二
十三日采藥於豫章胡翼山幸非放子逐臣乃類尋
仙招隱登峯十所里屑若有來將循曲陌先限清澗
或如止水乍有潔流方從揭厲且就褰攬未濟之間
忽不自覺見澗之西隅有一長者語規勿渡規於時
即留其人面色正青徒跣拾屨年可八九十面已皺

斂鬚長五六寸髭半於鬚耳過於眉眉皆下被眉之長毛長二三寸隨風相靡脣色甚赤語響而清手爪正黃指毛亦長二三寸著赭布帔下有赭布泥洹僧手捉書一卷遥投與規規即捧持望禮三拜語規可以此經與建安王兼言王之姓字此經若至宜作三七日宿齋若不曉齋法可問下林寺副公副法師者戒行精苦恬憺無爲遺嗜欲等豪賤蔬藿自充禪寂無怠此長者言畢便去行十餘步間忽不復覩規開卷敬視名爲慧印三昧經經旨以至極法身無相爲體理出百非義踰名相寂同法相妙等眞如言其慧

冥此理有若恒印心照疑寂故以三昧爲名後又有濟諸方等學經此下又題云天竺薩和鞞曰僧迦與海虎王經旨以流通至教軌法有體所以誠示大士化物方法言若濟諸蒼氓宜弘方等之教方等者大乘之通名究竟之弘旨其軸題云燉煌菩薩沙門支法護所出竺法首筆受共爲一卷寫以流通軸用淳漆書甚緊潔點製可觀究尋義趣或微或顯稱在羅閱山著陀隣尼行無來無去非住非止斯蓋鷲嶽鶴林之別記寶殿孤園之後述不殊玉檢靡異寶函理出希微辭深鉤致是唯正說曾匪異端雖王導之得

四十二章安清之出百六十品無以惑異
大王沐浴持奉擎跪鑽習多寫廣述闡揚玄旨孰匪
醫王卽斯藥樹不待眼瞬無勞苦口捨茲六術屏此
十巫咎或授編書於汜上受揣術於谷裏乍有寓言
且或假夢未有因應炳發若此其至焉受命下才式
於上道敢因滓賤率此頑蒙其辭曰
雷音震響錄簡青編匪言曷教非迹靡傳是資妙象
實寄幽筌照之慧燭濟以寶船懇哉至矣在應斯圓
覆其鬖鬘浸此熈漣救焚援溺去蓋銷纏灼灼應韓
英英河楚松孤桂鬱鸞栖鵬舉照野光朝潤山枯渚

濫源茲永覆簣已多鬱爲蕃榦擢此天柯寄誠梵表
託好禪河接足能仁心直妙覺用遺滯染是祛塵濁
靡向非眞何背非俗一忘受想將捐味觸無德不詶
有感必召吐彼神訣示我玄要旣蠲旣已留華及少
等以北恒均之東耀

祐少尋經律竊覽諸部之典但一切變易萬事遷訛
所以古今同異觸類皆有故魚謬爲魯陶誤成陰案
晉末已來關中諸賢經錄云慧印三昧經支謙所出
濟方等大乘學經法護所出聖法印經後記云晉元
康四年菩薩沙門支法護於酒泉出此經弟子竺法

首筆受而何規所得經本二經同卷題方等於法護亂三昧於支謙實由編寫成然非爲誣濫而一往觀覽容生疑惑聊記所憶存之末塵故出别記

聖法印經記第十七 天竺名阿遮曇摩文圖出經後記

元康四年十二月二十五日月支菩薩沙門法護於酒泉演出此經弟子竺法首筆受令此深法普流十方大乘常住

文殊師利淨律經記第十八 出經後記

經後記云沙門竺法護於京師遇西國寂志誦出此經經後尚有數品其人忘失輒宣現者轉之爲晉更

得其本補令具足太康十年四月八日白馬寺中聶道真對筆受勸助劉元謀傅公信侯彥長等

王子法益壞目因緣序第十九　竺佛念造

原夫善惡之運契猶形影之相顧受對明驗凡三差焉現世中世後世播九色之深恩以悅天妃之耳目孤禽投王而全命形受五刖之切酷斯現報也群徒潛淪於幽壑神陟淪漂而不敗身酸歷世之殃釁不曉王子之喪目斯中報也阿蘭從禍於無想嬰佩永惑於始終爲著翅之暴狸飛沉受困而難計斯後報也故聖人降靈必有所由非務不務淸白明矣玄鑒

三世弱喪之流深記來世坏形之累趣引入百練之室自如來逝後阿育登位綱維閻浮光被六合圖形神寺八萬四千羅漢御世汜濟億數國主師宗玄化滂沛萬民仰戴而不已神祇欽賴而愈深然王子法益宿植洪業生在王宮容貌殊特復受此對靡知緣起會秦尚書令輔國將軍宗正卿領城門校尉使者司隸校尉姚旻者南安郡人也親姚部之次兄字景嶷文爲儒表則烈勳於千載武爲邈群則皎然而獨標凡音通寔則辯機而曠遠執素縱情則翱翔而無倫德也純懿範也難模赫邈翰於群才震龍威於昆

鋒然愍永惑之叵救傷愚黨之不寤欲紹先勝之遺迹豎玄宗於末俗故請天竺沙門曇摩難提出斯緣本秦建初六年歲在辛卯於安定城三月十八日出至二十五日乃訖梵本三百四十三首盧也傳爲漢文一萬八千言佛念譯音情義實難或離文而就義或正滯而傍通或取解於誦人或事略而曲備冀將來之學士令鑒罪福之不朽設有毫氂潤色者盡銘之於萌兆故序之焉

合微密持經記第二十　支恭明

合微密持陀隣尼摠持三本（上子是陀隣尼下子是摠持摠持微密持也）

佛說無量門微密持經（佛說阿難陀目佉尼呵離陀隣尼經）

佛說總持經一名成道降魔得一切智（二本後皆有此名並不別出耳）

又別剡西臺曇斐記云

此經凡有四本三本並各二名一本三名備如後列其中文句參差或梵或漢音殊或隨義制語各有左右依義順文皆可符同所爲異處後列得法利三乘階級人數及動地雨華諸天妓樂供養多不悉備意所未詳一本一名無量門微密之持二名成道降魔得一切智此一本名行於世爲常舊本一本一名阿

難陀目佉尼呵離陀羅尼二名疾使人民得一切智
一本一名無端底門揔持之行二名菩薩降却謂魔
堅固於一切智
一本一名出生無量門持二名一生補處道行三名
成道降魔得一切智此本備明法利及動地妓樂事
四本皆各標前一名於經首第二第三名不以題經
也後舍利弗請名佛說名皆備如前列
出三藏記集序卷第八

出三藏記集序卷第八

二十

北戶